ספר יצירה

(Sefer Jesirah)

DAS BUCH DER SCHÖPFUNG

Nach den sämtlichen Rezensionen
möglichst kritisch redigierter und vokalisierter Text,
nebst Übersetzung, Varianten, Anmerkungen, Erklärungen
und einer ausführlichen Einleitung von

LAZARUS GOLDSCHMIDT

AURINIA

Lazarus Goldschmidt, »Sefer Jesirah (Das Buch der Schöpfung)«

Reprografischer Nachdruck der 1. Auflage, Frankfurt am Main, 1894

Lithografie: Robert B. Osten

Printed in Germany
2. Auflage

ISBN 978-3-937392-14-1

Besuchen Sie auch unsere Webseite: **www.aurinia.de**

Den Manen

meiner verewigten Tante und Pflegemutter

Chajjah Bernheim s. A.

in heiliger Erinnerung.

Vorwort.

Nachdem vorliegende Arbeit zur Hälfte bereits gedruckt war, wurde ich auf zwei Aufsätze über das Buch Jeṣirah aufmerksam gemacht, die mir unbekannt waren. Der eine, eigentlich eine Recension über Epsteins Beiträge zur jüdischen Altertumskunde, stammt aus der Feder des in der jüdischen Litteratur sehr kundigen Gelehrten, jedoch in der modernen Kritik nicht bewanderten, Jacob Reifmann; der zweite, eine selbstständige Abhandlung über das Buch Jeṣirah, rührt von einem Schriftsteller Josef Rosenthal her; beide sind in dem von S. P. Rabinowitz redigierten hebräischen Jahrbuche כנסת ישראל Bd. II (Warschau 1888) abgedruckt. Der erstere behauptet, dass das uns erhaltene Buch Jeṣirah unvollständig sei; er erhärtet seine Behauptung, indem er aus der talmudischen Litteratur eine Reihe von „Citaten aus dem Buch Jeṣirah" anführt, die in dem uns erhaltenen Buche fehlen. Trotz seines reichen Wissens ignorirt Herr Reifmann ganz die Textkritik des Buches. Schon aus der Sprache sämtlicher von ihm angeführten Citate geht deutlich hervor, dass sie unmöglich zum ursprünglichen Buche gehören können; vielmehr werden sie einem alten, uns nicht mehr erhaltenen, midraschartigen Commentar angehören, auf welchen ich schon in meiner Einleitung hingewiesen habe und aus welchem Ueberreste in vorliegender Ausgabe noch vorhanden sind. Diese Zusätze oder Erklärungen wurden schlechtweg ספר יצירה genannt (der erklärende Zusatz in I,11 ist beispielsweise wörtlich aus T. B. Tr. Ḥagiga pag. 12 entnommen); dass sie nicht authentisch sind, wird ein jeder, der in der semitischen Philologie bewandert ist, sofort herausfinden. Ganz bedeutungs- und wertlos ist die Abhandlung des Herrn Rosenthal. Zu Beginn erzählt er uns, dass das Buch Jeṣirah kein Compendium von Beschwörungen und Zauberformeln, sondern eine Erklärung der Schöpfungsgeschichte ist; daraus folgert er, dass Franck und viele andere Gelehrte geirrt haben, indem sie das uns erhaltene mit dem im Talmud erwähnten ספר יצירה identificirt haben. Weiter verläuft sich Herr Rosenthal auf philosophische, philologische, halachische, qabbalistische, gnostische und angelologische Themata, die mit dem Buche Jeṣirah nichts gemein haben. Ganz kühn und gewagt erscheinen seine etymologischen Studien; er polemisirt gegen Kohut (Aruch Completum), citirt Freitag (Lexicon Arabico-Latinum) in der Erklärung eines arabischen Wortes, wie weit er aber des Arabischen Herr ist, geht daraus hervor, dass er das arabische حجر (Stein) durchgängig חבן transscribirt! Weitere Abhandlungen, die zur Sefer Jeṣirah-Litteratur gehören, lieferten zwei verdiente Gelehrte, M. Steinschneider (Magazin für die Wiss. d. Jud. 1892) und A. Epstein (Monatsschrift f. d. Gesch. u. Wiss. d. Jud. 1893); diese betreffen aber grösstenteils nicht das Buch selbst, sondern die Commentare desselben.

Vom Buche Jeṣirah befinden sich zahlreiche Handschriften auf europäischen Bibliotheken, sie sind aber sämmtlich in bedeutend schlechterem Zustande als das gedruckte Buch; keine derselben reicht auf eine Zeit zurück, in der das Buch noch frei war von Einschiebungen, Zusätzen und Corruptionen; ich zog es vor, sie bei vorliegender Ausgabe unberücksichtigt zu lassen, da sie nur neue Fehler und Verwirrungen bieten.

Wol setze ich es voraus, dass manche meine Schroffheit, mit der ich gegen einige Gelehrte aufgetreten bin, nicht nur tadeln, sondern auch verurteilen werden; dies veranlasst mich aber nicht, die Wahrheit zu unterdrücken. An wirkliche Forscher und Männer der Wissenschaft, die die einschlägige Litteratur beherrschen, wende ich mich mit dieser Arbeit, ihnen rufe ich zu: Prüfet, forschet und sehet, wer im Rechte ist. Nicht ganz ohne Erregung kann man zusehen, wie Männer, die das nötige Wissen entbehren, alles Altertümliche und jedes ehrwürdige Denkmal in der jüdischen Litteratur mit einer wahren Zerstörungswuth zu vernichten suchen. Alles Poetische und Wissenschaftliche in der jüdischen Litteratur sei von den Hellenen entwendet und die jüdischen Dichter und Forscher im Altertum seien nichts als elende Copisten und Plagiatoren. Freilich kann eine philosophische Litteratur auf das vorliegende Buch nicht stolz sein, doch ist es, mit Rücksicht auf seine Abfassungszeit, ein Denkstein, dass auch die Juden schon in früherer Zeit Interesse für Philosophie (im ursprünglichen Sinne) und Wissenschaft hatten.

Ueber die Art des Druckes und Verschiedenheit der Schriften habe ich im dritten Kapitel der Einleitung gesprochen; die in der Einl. und den Anmerkungen vorkommenden Abkürzungen sollen hier erklärt werden. OLB, Litteraturblatt des Orients. RABD, Rabbi Abraham ben David. REBJ, R. El'azar ben Jehudah, REBS (REW), R. Elijahu ben Šelomoh. RJBJ, R. Jiṣḥaq ben Jequthiël. RJL, R. Jiṣḥaq Loria. RMB, R. Moše Botarello. RMBN, R. Moše ben Naḥman. RSA, R. Sa'adjah Alfajjumi. RSD, R. Sabbataj Donnolo; alle übrigen Abbreviaturen sind bekannt.

Eine wissenschaftliche Ausgabe des Buches Jeṣirah war der Wunsch vieler Gelehrten, diesem Wunsche nachgekommen zu sein ist meine Hoffnung.

Geschrieben zu Frankfurt a. M. 10. Juni 1894.

Goldschmidt.

Inhalt.

	Seite
Vorwort	V
Einleitung.	
I. Alter des Buches Jeṣirah	3
II. Inhalt und System des Buches Jeṣirah	12
III. Text des Buches Jeṣirah	21
IV. Zur Geschichte des Buches Jeṣirah	26
V. Bibliographie	32
Text und Uebersetzung	
I. Abschnitt	49
II. „	54
III. „	56
IV. „	59
V. „	64
VI. „	70
Anmerkungen und Erklärungen	77

Druckfehlerverbesserungen.

Seite 6 Zeile 5 l. Sprossen; Z. 9 u. 15 l. tanaitischen; S. 7 Z. 27 l. schwierige; S. 9 Z. 30 l. Mišne; S. 12 Z. 27 l. aspirirten, unaspirirten; S. 13 Z. 29 l. שהרמב"ם; S. 16 Z. 36 l. Anspielung; S. 27 Z. 27 l. 5 st. 8; S. 49 Z. 18 l. zwölf st. drei; S. 52 Z. 15 l. בתהום.

Einleitung

I.

Alter des Buches Jesirah.

Eines der ältesten Denkmäler altjüdischer Litteratur ist das Buch der Schöpfung (ספר יצירה); schon der Talmud[1]) weiss von ihm zu erzählen, und berichtet, dass dasselbe die Geheimnisse enthalte, durch welche Gott das Weltall schuf. Durch den geheimnissvollen Schleier, der das Buch verhüllte, wurde es mit solch einer tiefen Ehrfurcht betrachtet, dass man demjenigen, der die Tiefen desselben zu ergründen vermochte, eine Schöpfungskraft, freilich innerhalb gewisser Schranken, beilegte, und manche sich auch dessen rühmten.[2]) Durch die Berichte des Talmuds über dasselbe, die anzuführen weiter Gelegenheit geboten sein wird, stieg das Buch zu hohem Ansehen, und man schob es keinem geringeren als dem Erzvater Abraham zu, ohne daran Anstoss zu nehmen, dass im letzten Abschnitt von „unserem seligen Vater Abraham“[3]) gesprochen, und sein Name mit religiöser Ehrfurcht genannt wird. Ferner werden auch in diesem Buche biblische Verse citirt, freilich ohne als solche genannt zu werden.[4]) Manche wollen diese Schrift dem Tannaiten Rabbi ʿAqiba ben Josef (im I. Jahrh.) zuschreiben, ohne diese Behauptung zu begründen; jedoch wird diese Ansicht fast von den sämmtlichen Qabbalisten und Commentatoren dieses Buches zurückgewiesen[5]) und unterstützen ihre Meinung Abraham sei der Verfasser des Schöpfungsbuches, der letzte Paragraph jedoch, in welchem von Abraham die

---

1) Siehe weiter.

2) Wie z. B. Rabbi Jehošua ben Ḥananjah, doch davon weiter.

3) וכשבא אברהם אבינו עליו השלום (VI, 15.)

4) Die Belege aus der Bibel, welche mit der Bezeichnung שנאמר oder דכתיב angeführt rden, sind sämmtlich spätere Einschiebungen, sie fehlen in dem einen oder in dem anderen Text.

5) Im פרדס רמונים des Rabbi Mošeh Cordovero heisst es: והנה אתנו ספר יצירה המכונה לאברהם אבינו עליו השלום, ויש מכנים אותו לרבי עקיבה ואינה מוסכם

Rede ist, sei eine Schlussbemerkung des Redactors, der vielleicht Rabbi ʿAqiba gewesen ist. Andere wieder sind der Ansicht, das Buch der Schöpfung sei mündlich von Abraham überliefert, und Rabbi ʿAqiba habe es später niedergeschrieben, jedoch davon später. Rabbi Jiṣḥaq Jehošuʿa de Lattes (im XVI. Jahrh.) sagt in seiner Entscheidung über das Studium der Qabbalah, die den Zohar-Ausgaben vorgedruckt ist: „Wer hat Rabbi ʿAqiba erlaubt das Buch Jeṣirah, welches von Abraham, Friede sei über ihm, mündlich überliefert war, niederzuschreiben?"[1]) Die Veranlassung dazu, dieses Buch dem Erzvater Abraham zuzuschreiben, wird sein Inhalt gegeben haben; es wird in ihm ganz besonders der Monotheismus[2]) und die Weltschöpfung aus einem Nichts[3]) hervorgehoben, was Abraham zu allererst gelehrt haben soll. Die Juden haben eine alte Tradition, dass Abraham viele astronomische Kenntnisse besessen, und durch Betrachtungen der Naturvorgänge den wahren Gottesbegriff erkannt habe; er soll ferner auch Bücher der Weisheit, in welchen er die Geheimnisse der Weltschöpfung lehrte, geschrieben, und den Späteren überliefert haben. Schon der Name und die dunkle mystische Sprache des Buches Jeṣirah genügten es mit dem angeblich von Abraham geschriebenen Buche zu identifiziren. Es wird ferner im Buche Jeṣirah das Hebräische als die Schöpfungssprache bezeichnet, die Gott dem Abraham „an die Zunge geknüpft habe"; ähnliches wird uns auch über Abraham in einer anderen Stelle, im Buche der Jubiläen,[4]) berichtet.[5]) Aber nicht nur Verehrer der Qabbalah, sondern auch Philosophen, wie z. B. Rabbi Jehudah ha-Levi, waren der Ansicht, dass das Buch Jeṣirah Abraham zum Verfasser habe und zollten ihm hohe Verehrung. Zu der Verehrung, welche später diesem Buche, besonders bei den Qabbalisten, zuteil wurde, trugen auch manche lächerliche Erzählungen im Talmud über dasselbe bei. So berichtet der babylonische Talmud,[6]) dass Rabbi Ḥaninah (im IV. Jahrh.) und Rabbi Ošija an jedem Freitag das Buch Jeṣirah studirten und brachten ein dreijähriges Kalb hervor, das ihnen zur

---

[1]) ועוד מי התיר לרבי עקיבה לכתוב ספר יצירה. וקראהו משנה שהיתה שומה בפיהם בקבלה מאברהם.

[2]) Abschn. I, 7.

[3]) Abschn. II, 6.

[4]) Verfasst im ersten Jahrh., hergg. v. A. Dillmann, Göttingen 1859.

[5]) ወፈታሕኩ ፡ አፉሁ ፡ ወከናፍሪሁ ፡ ወፈታሕኩ ፡ እዘኒሁ ፡ ወአኀዝኩ ፡ እትናገር ፡ ምስሌሁ ፡ በዕብራይስጥ ፡ በልሳነ ፡ ፍጥረት ። (Kap. 12,22.)

[6]) Tr. Sanhedrin fol. 65^{b} u. 67^{b}.

Nahrung diente.[1]) Der noch ältere jerušalemische Talmud[2]) erzählt: Rabbi Jehošu'a ben Ḥananjah (im I. Jahrh.) habe sich gerühmt, mit Hülfe des Buches Jeṣirah aus Gurken und Kürbissen, Hirsche und Rehböcke machen zu können.[3]) Die Aechtheit dieser Citate wurde in jüngerer Zeit angegriffen, man behauptet, dass die Worte ספר יצירה von späteren Qabbalisten zur Verherrlichung der Qabbalah eingeschoben seien, um dieselbe in ein hohes Alter zu versetzen; jedoch lässt sich diese Behauptung durch Beweise nicht erhärten. Gegen diese Behauptung spricht zur Genüge die Widerlegung Francks[4]); „warum hat man keine einzige Handschrift aufgefunden, welche diese behauptete Fälschung beweisen möchte? Woher kommt es, dass das Buch in den beiden Talmudim, die durch Zeit und Art der Abfassung von einander ganz verschieden sind, deren Redaktion durch ein ganzes Jahrhundert von einander getrennt ist, Erwähnung findet?" Besonders spricht für die Authenticität dieser Worte der jerušalemische Talmud, der erst in später Zeit, am Anfang dieses Jahrtausends[5]) im Abendlande bekannt wurde. Landauer[6]) setzt die Abfassungszeit des Buches Jeṣirah in die gaonäische Epoche, jedoch begründet er diese Behauptung nicht. Zunz[7]) behauptet ebenfalls, dieses Buch gehöre der gaonäischen Epoche an, da die Sprache sowohl wie auch der Ideengang desselben darauf hinweisen; in Wirklichkeit aber spricht weder das eine noch das andere dafür. Die Ausdrücke, die Zunz als jüngere Hebraismen bezeichnet[8]), sind durchaus nicht als nachchristlich gestempelt, es finden sich zwar im Buche Jeṣirah wenige Wortbildungen, die im Canon des alten Testaments nicht vorkommen, sie können aber trotzdem vorchristlich sein, ähnliche Bildungen finden sich auch in manchem der canonischen Bücher[9]; ferner

---

[1]) רב חנינא ורבי אושעיא הוו יתבי כל מעלי שבתא ועסקי בספר יצירה ומברו להו עגלה תלתא ואכלי ליה.

[2]) Sanhedrin Abschnitt VII Hal. 19.

[3]) אמר רבי יהושע בן חנניה יכיל אנא על ידי ספר יצירה נסיב קתיין ואבטיחין ועביד לון איילין וטבין והדנון עבידין אילין וטבין; in der von mir benutzten Ausgabe fehlen die Worte ספר יצירה, wohl aber sind sie vorhanden in der von Franck (La Cabbale pag. 76) citirten.

[4]) La Cabbale pag. 77,

[5]) Conf. Frankel, Introductio in Talmud Hierosolymitanum pag. 45 a ff. u. Pinsker, Likute Kadmoniot pag. 15 der Beilagen.

[6]) OLB 1845 pag. 213.

[7]) Die gottesdienstlichen Vorträge der Juden pag. 165 ff.

[8]) z. B. הרהור, כיעור, לעיטה, שמיעה etc.

[9]) Das Buch Qohelet weist eine Menge solcher neuen Bildungen auf; den obigen Wortbildungen gleicht auch das nom. inf. אֲכִילָה I Reg. 19,8.

brauchen die Ausdrücke, die sich im Jalkut und in der Pesikta wiederfinden [1]), durchaus nicht aus diesen entnommen zu sein, eher wird es umgekehrt der Fall sein. [2]) Auch über den Ideengang des Buches ist man jetzt ganz anderer Ansicht, besonders hervorgehoben zu werden verdienen die Aufschlüsse Epsteins, [3]) der die Ideen des Verfassers als Sprosse babylonisch-chaldäischer Cosmogonie kennzeichnet; jedoch davon weiter. Auch I. S. Reggio [4]) versetzt das Buch Jeṣirah in die gaonäische Epoche, er erhärtet aber seine Behauptung durch ganz andere Einwendungen, die er Beweise nennt; erstens — sagt er — wurde in der tanaischen Epoche in solcher mystischen Weise nicht geschrieben; zweitens sollte dieses dunkle Buch, falls es einer früheren Zeit angehört, von den Tanaim commentirt werden; drittens, wird das Buch Jeṣirah weder im Talmud noch in den gaonäischen Schriften erwähnt (??). Diese Einwendungen zu widerlegen ist fast überflüssig, denn das Buch Jeṣirah ist das einzige Schriftdenkmal dieser Art, das wir besitzen, und können selbstverständlich nicht behaupten, dass in der tanaischen Epoche diese Sprachweise fremd war; ferner werden die Lehren der Mystik in den Talmudschulen (ישיבות) nicht gelehrt, wie wir aus zahlreichen Stellen im Talmud wissen, ja sie wurden sogar verboten, wir können daher auch keine Commentare zu solchen Schriften erwarten. [5]) Was die dritte Einwendung Reggios betrifft, so ist sie schon widerlegt; falls er aber die oben angeführten Citate als unächt beachtete, [6]) so haben wir für die Altertümlichkeit des Buches Jeṣirah einen anderen Gewährsmann, den Gaon Rabh Haj ben Šerira (969—1038). Sachs [7]) teilt mit, dass er im Besitze eines Scriptums ist, welches folgenden Inhalt enthält: „Es wurde an Rabh Haj Gaon die Frage gerichtet, was der Unterschied zwischen den dreizehn Eigenschaften

---

[1]) Conf. Zunz, a. a. O.

[2]) Geradezu lächerlich ist die Behauptung Zunz' (a. a. O.) der Satz שוכן עד (מרום) וקדוש שמו, der Jes. 57,15 vorkommt, sei aus dem Gebetbuche entnommen.

[3]) Beiträge zur jüdischen Altertumskunde pag. 40 ff.

[4]) Schreiben an Dr. Samuel Vita della Volta in Mantua, Ozar Neḥmad III pag. 25—27.

[5]) Die Commentare damaliger Zeit bilden nur, genau wie der Talmud, Discussionen, welche in den Schulen behandelt wurden. Uebrigens wurde das Buch Jeṣirah von den spätern Amoräern wirklich commentirt, die erklärenden Einschiebungen und Zusätze, die sich in diesem Buche befinden, tragen ganz den Charakter des Midraš, und sind höchst wahrscheinlich Ueberreste eines midrašartigen Commentars.

[6]) Da Reggio der genannten Citate gar nicht erwähnt, so ist es anzunehmen, dass diese ihm ganz unbekannt waren.

[7]) Kerem Ḥemed VIII pag. 57; auch abgedruckt in OLB 1851 pag. 146.

Gottes (שלש עשרה מדות) und den zehn Attributen (עשר ספירות), die im Buche Jeṣirah vorkommen, ist; darauf antwortete er wie folgt: diese Frage muss ganz weit hineindringen [1]), sie beschäftigte (wie) viele Zeiten vor uns und vor Ihnen, schon die Generationen der Uralten (זקנים הקדמונים), die Erklärung ist sehr weitläufig, nicht für einen Tag und nicht für zwei Tage.“ [2])

Die Alten, wie schon erwähnt, nicht nur Qabbalisten sondern auch Philosophen, waren der Ansicht, Abraham habe das Buch Jeṣirah verfasst. Saʿadjah Alfajjumi beginnt seinen Jeṣirah-Commentar mit folgenden Worten: „Dies ist das Buch, welches genannt wird Buch der Anfänge, stammend von Abraham unserem Vater, Friede sei mit ihm.“[3]) In seinem Buche Stein der Weisen (אבן החכמים)[4]) sagt Saʿadjah wie folgt: „Die chaldäischen Weisen greifen den Glauben Abrahams an. Nun waren die chaldäischen Weisen in drei Secten geteilt; die erste Secte behauptete, dass über das Universum zwei erste Ursachen wirken, die entgegengesetzter Wirkungen sind; die eine bringt hervor, die andere zerstört, denn die Schlechtwirkende kann kein Gutes wirken. Dies ist die Ansicht der Dualisten, die sich auf den Grundsatz stützen, dass der Urheber des Bösen und der Urheber des Guten nichts Gemeinsames mit einander haben können. Die zweite Secte nahm drei erste Ursachen an; da die zwei [genannten Ursachen] sich wechselseitig paralysiren, so hat man eine dritte vermittelnde anerkannt, da sonst nichts zu Stande kommen könnte. Die dritte Secte endlich behauptet, dass die Sonne der wirkliche Gott sei und fanden in ihr das Prinzip des Schaffens und Zerstörens.“ Doch versucht Saʿadjah[5]) auch als Rationalist die Abfassung des Buches Jeṣirah in folgender Weise zu erklären: „Es ist uns von den Ersten [Vorfahren] überliefert, dass Abraham dieses Buch verfasst habe, wie am Schlusse desselben bemerkt wird[6]) „als Abraham Einsicht erlangte, da offenbar sich ihm Gott“. Ihre Meinung war aber nicht Abraham habe dieses Buch so

---

[1]) לפני ולפנים *vor und inwendig*, ein talmudischer Ausdruck für eine sehr schwierige Frage.

[2]) תשובה מיוחסת לרב האי גאון לשאלה שנשאלה לפניו מה בין שלש עשרה מדות ועשר ספירות המובאות בספר יצירה ומשיב בזה הלשון שאילה זו צריכה לפני ולפנים וכמה זמנים לפנינו ולפניכם נשאלה שאלה זו. בימי הדורות מימי זקנים הקדמונים, והפירוש ארוך בו לא ליום אחד ולא ליומים.

[3]) هذا كتاب يسمّى كتاب المبادى منسوب الى אברהם אבינו عليه السلام

[4]) Citirt bei RMB am Anfang seines Jeṣirah-Commentars.

[5]) Vorwort zu seinem arabischen Jeṣirah-Commentar.

[6]) Was andere als Widerlegung anführen, fasst er als Bestätigung auf.

geordnet, wie wir es vor uns haben, sondern dass er den Inhalt desselben erkannte; er wusste, dass die Zahlen und die Buchstaben aller Anfang sind, wie wir weiter erklären werden. Dies lehrte er auch denen, die in seiner Umgebung waren. Diese Lehren wurden nicht schriftlich sondern mündlich von Generation zu Generation überliefert, wie auch ein Teil der biblischen Schriften, z. B. die Proverbien Salomonis (גם אלה משלי שלמה אשר העתיקו אנשי חזקיה) und die mündliche Lehre (תורה שבעל פה) mündlich überliefert wurden[1]). Šabbataj Donnolo, ein jüngerer Zeitgenosse Sa'adjas, der übrigens kein qabbalistischer Schwärmer, sondern ein philosophisch gebildeter Arzt war, beginnt seinen Commentar mit folgenden Worten: „Wir beginnen unseren Commentar über die Genesis und über das Buch der Schöpfung, welches der Heilige, gebenedeiet sei er, unserem Vater Abraham überliefert hatte." Rabbi Jehuda ha-Levi berichtet in seinem philosophischen Buche Kuzări[2]) wie folgt: „Wir besitzen von ihnen (von den vorher erwähnten philosophisch-naturwissenschaftlichen Ueberresten) das Buch Jeṣirah, unserem Vater Abraham angehörend, es ist sehr tief und seine Erläuterung weitläufig." Der einzige Qabbalist, der an die Autorschaft Abrahams auch Rabbi 'Aqibas nicht glaubt, ist Abraham abu l'Afia[3]), ja er spottet über die Ansicht, Abraham, oder auch Rabbi Aqiba habe dieses Buch verfasst, „der gelehrte Verfasser mag sein wer es will"[4]).

Erst in den späteren Jahrhunderten tauchte die Ansicht auf, Rabbi 'Aqiba ben Josef habe das Buch Jeṣirah verfasst, obgleich, wie schon erwähnt, von den Qabbalisten zurückgewiesen, fand diese Ansicht doch Verbreitung. Mit gutem

---

[1]) ونقول ان القدماء ينقلون ان هذا الكتاب אברהם אבינו ألفه كما هو مشروح فى اخره וכשהבין אברהם אבינו נגלה עליו הקב"ה وليس يقولون انه وضع الفاظ هذا الكتاب على هذا النظام لكنهم يقولون انه استخرج هذه المعانى بعقله فوقع له ان الاعداد والحروف مبادى الاشياء على ما سنشرح فعلمها لنفسه وعلّمها الموحّدين الذين كانوا معه ولم تزل منقولة فيما بين امّتنا غير مكوبة كما كانت ال משנה منقولة غير مكتوبة بل بعض ال מקרא اقام سنينا كثيرة منقولا لا مكتوبا مثل משלי שלמה אשר העתיקו אנשי חזקיה מלך יהודה فلما كان الوقت .... Vgl. auch Jellinek, OLB 1851 pag. 224.

[2]) Abschnitt IV § 25.

[3]) Dieser Phantast und Abenteurer hatte auch gute Gründe, die Ächtheit eines Buches anzuzweifeln, da er in der Pseudographie sehr geübt war, ihm werden jetzt manche unächte Bücher in die Stiefel geschoben. Vgl. Landauer in seinen Untersuchungen, OLB 1846.

[4]) החכם המחבר ספר יצירה יהיה מי שיהיה.

Rechte wies Franck [1]) darauf hin, dass die andere Ansicht ebenso unwahrscheinlich wie die erste ist. Der Talmud zollt freilich Rabbi ʿAqiba, so oft er ihn erwähnt, die höchste Verehrung[2]) er wird als höheres Wesen geschildert, ja er stellt ihn sogar höher als Mošeh[3]), doch wird er in keiner Stelle als Autorität in der Wissenschaft der מעשי בראשית und מעשי מרכבה dargestellt. Nichts giebt zu der Annahme Veranlassung, Rabbi ʿAqiba sei Verfasser des Buches Jesirah oder auch eines ähnlichen Buches gewesen. Ferner ist es auch nicht anzunehmen, das Rabbi Jehošuʿa ben Ḥananjah sich rühmen könnte, mittelst eines Buches, dessen Verfasser Rabbi ʿAqiba sein soll, wunderbare Phänomene zu wirken[4]). Auch waren die Richtungen dieser beiden Männer von einander ganz verschieden; der eine, Rabbi ʿAqiba, war ein schwärmerischer Revolutionär[5]), ein eifriger Kämpfer gegen das römische Reich[6]) und wurde unter Kaiser Hadrian Märtyrer für die Freiheit des Vaterlandes[7]); der andere, Rabbi Jošuʿa, war dagegen Freund des Kaisers Trajan[8]) und öfterer Besucher seines Hofes[9]), er war Sachwalter (שתדלן) der Juden beim römischen Staate[10]). Uebrigens schöpften beide sogar nicht aus einer Quelle, Rabbi ʿAqiba war Schüler des Rabbi Eliʿëzer und Rabbi Gamaliel, und Rabbi Jehošuʿa ben Ḥananjah war Schüler des Rabbi Johanan ben Zakkaj [11]). Aus allem Vorhergesagten ist zu schliesen nicht nur, dass Rabbi ʿAqiba nicht der Verfasser des Buches Jeṣirah sein kann, sondern auch, dass dessen Abfassung in eine viel ältere Zeit zu setzen ist. Die Veranlassung dazu, dieses Buch Rabbi ʿAqiba zuzuschreiben, gab höchst wahrscheinlich seine Verherrlichung der hebräischen Sprache in Wort und Buchstaben und der grosse Wert, den er

---

[1]) La Cabbale pag. 87 ff.

[2]) אשריך אברהם אבינו שיצא רבי עקיבא מחלציך.

[3]) Im babylon. Talmud, Menaḥoth fol. 29 b, wird erzählt: Als Mošeh auf den Himmel stieg die Thorah in Empfang zu nehmen und dort von Rabbi ʿAkiba erzählen hörte, habe er ausgerufen „רבונו של עולם יש לך אדם כזה ואתה נותן תורה על ידי."

[4]) Vgl. oben.

[5]) Talm. Babl. Berakhot fol. 61b, Tal. Jer. Soṭah. Abschnitt V.

[6]) Rabbi ʿAkiba war Verehrer und Waffenträger Bar-Kochbas, vgl. Maimonides, Mišna Thorah, hilchoth Melakhim Kap. 11 § 1.

[7]) Semaḥoth Kap. VIII und in noch anderen Stellen.

[8]) Ḥollin fol. 59 b.

[9]) a. a. O.

[10]) Midraš Rabboth, Deuteronomium Kap. 2.

[11]) Aboth derabbi Nathan Kap. 14.

auf sie setzte, wie uns in vielen Stellen berichtet wird[1]). Im babylonischen Talmud[2]) lesen wir: „Es sagt Rabbi Jehudah im Namen Rabhs, als Mošeh den Himmel bestieg, traf er den Heiligen, gebenedeiet sei er (Gott), Krönchen (d. h. spitze Strichelchen) über die Buchstaben setzen; wozu dies? frug er, hast du denn nicht mit dem vorhandenen genug? Da antwortete der Ewige: es wird einst nach Ablauf von vielen Generationen ein Mann kommen, welcher über jedes Krönchen Berge über Berge von halakhischen Forschungen schaffen wird; der Name dieses Mannes ist ʿAqiba ben Josef[3]). Eine selbständige Schrift über die hebräischen Buchstaben[4]), welches den Namen Rabbi ʿAqibas trägt, ist in Umlauf, das, wie angenommen wird, von ihm selbst verfasst ist. Die Werthschätzung der hebräischen Buchstaben finden wir auch im Buche Jeṣirah, der Verfasser ist der Ansicht, die Welt sei durch die Zusammensetzung der Buchstaben (צרוף האותיות) geschaffen, worüber ich weiter ausführlicher sprechen werde, und dies genügte, es Rabbi Aqiba zuzuschieben. Schon ältere Schriftsteller scheinen diese Identität erkannt zu haben; da sie aber die Tradition, Abraham habe das Buch Jeṣirah geschrieben, nicht bezweifeln wollten, so kamen sie zur Folgerung, dass zwei Sepher Jeṣirah betitelte Bücher existiren, das eine sei von dem Erzvater Abraham und das zweite von Rabbi ʿAqiba ben Josef verfasst. Der erste, der diese Behauptung aufstellt, ist Rabbi Gedaliah ibn Jaḥja (1436 bis 1487) in seinem Buche שלשלת הקבלה[5]); er berichtet über Rabbi ʿAqiba folgendermassen: Er hat das Buch Mekhiltin[6]) und das Buch Jeṣirah über die Qabbalah verfasst, allein es giebt noch ein anderes Buch Jeṣirah, welches vom Erzvater Abraham verfasst ist, und über welches Rabbi Mošeh ben Naḥman einen grossen trefflichen Commentar verfasste.[7]) Spätere Kritiker gehen noch weiter und behaupten, freilich aus Unwissenheit, dass das eine Sepher Jeṣirah betitelte

---

[1]) Vgl. Epstein, Beiträge z. jüd. Altertumsk. pag. 42 ff.

[2]) Menaḥoth fol. 29b.

[3]) אמר רב יהודה אמר רב בשעה שעלה משה למרום מצאו להקדוש ברוך הוא שיושב וקושר כתרים לאותיות אמר לפניו רבונו של עולם מי מעכב על ידך אמר לו אדם אחד יש שעתיד להיות בסוף כמה דורות ועקיבא בן יוסף שמו שעתיד לדרוש על כל קוץ וקוץ תילי תילין של הלכות.

[4]) אותיות דרבי עקיבא, הגדה של ר"ע, מדרש בסתרי אותיות auch אלפא ביתא דרבי עקיבא genannt.

[5]) Ed. Warschau pag. 39.

[6]) Ganz unbekannt, die bekannte Mekhilta wird Rabbi Jišmaʿël zugeschrieben.

[7]) והוא חבר ספר מכילתין וספר היצירה על הקבלה ויש ספר יצירה שחבר אברהם אבינו אשר הרמב"ן חבר פירוש גדול ונפלא עליו.

Buch, welches von Abraham herrührt und im Talmud erwähnt wird, nicht mehr vorhanden sei, während das zweite von Rabbi ʿAqiba verfasste Buch Jeṣirah noch im Umlauf ist.[1]) Diese Ansicht ist aus dem oben angeführten Bericht Jaḥjas geschöpft, der gleichzeitig bemerkt: der RMBN habe das von Abraḥam verfasste Buch Jeṣirah commentirt, und gerade das von RMBN commentirte Buch ist uns erhalten[2]). Die Angabe Francks[3]) Jiṣḥaq de Lattes sei der erste, der den Namen ʿAqiba für Abraham als Verfasser des Buches Jeṣirah gesetzt habe, ist unrichtig; in der Entscheidung (פסק) des de Lattes heisst es nicht, wie Franck übersetzt, „Wer hat Rabbi ʿAqiba erlaubt, unter dem Namen des Patriarchen Abraham das Buch der Schöpfung zu schreiben"[4]), sondern wie ich schon die Worte de Lattes anzuführen Gelegenheit hatte, „Wer hat Rabbi ʿAqiba erlaubt, das Buch der Schöpfung, welches von *Abraham* mündlich überliefert war, niederzuschreiben"[5]); und dies ist ganz was anderes.

Die meisten modernen Kritiker haben ihr Vergnügen daran, sich gegen die Tradition aufzulehnen und Bücher, deren Abfassungszeit unbekannt ist, ohne triftige Gründe und erhärtende Belege in eine möglichst junge Zeit herabzusetzen; sie glauben, dass darin die ganze Kritik bestehe. Ueber die Ansichten Zunz' Reggios und Landauers, die die Abfassungszeit des Buches Jeṣirah in die gaonäische Epoche setzen, lohnt es weiter keine Worte zu verlieren, wie ich schon dargethan habe, aber auch die Ansicht Francks[6]), der seine Abfassungszeit in den Zeitabschnitt, der ein Jahrhundert vor und ein halbes Jahrhundert nach Christi Geburt umfasst, setzt, ist nicht ganz zutreffend. Es kommt mir hier nicht in den Sinn, die Tradition, Abraham sei der Verfasser des Buches Jeṣirah, zu verteidigen, auch ist es fern von mir, wie noch Gelehrte dieses

---

[1]) Morinus, Exercitationes biblicae pag. 375, nach einem Citat bei Franck.

[2]) Einige Bibliographen (Wolf, Biolioth. Hebr., Heilpern, Seder hadoroth), wissen auch von einem Buche Jeṣirah, das von Jonathan ben ʿUsiël (einem Schüler Jeremjas) verfasst ist, zu berichten; dieses Buch soll sich in der D. Oppenheimschen Bibliothek No. 965 befunden haben; näheres ist über dasselbe nicht bekannt.

[3]) La Cabbale pag. 90.

[4]) Qui a permis a. R. Akiba d'écrire le Livre de création, sous le nom du patriarche Abraham?

[5]) I. de Lattes spricht dort nämlich von der Verbreitung, d. h. Niederschreibung und Drucklegung qabbalistischer Werke; beiläufig bemerkt lebte Jiṣḥaq de Lattes nicht, wie Franck angiebt, im 14., sondern im 16. Jahrhundert: die angeführte Entscheidung ist am 1. Ijar des Jahres [5]318 (יצירה) = 1558 zu Pesaro geschrieben.

[6]) La Cabbale pag. 91.

Jahrhunderts es gethan haben, Beweise anzuführen, „dass das Buch Jeṣirah, wie wir es besitzen, den Patriarchen Abraham nicht zum Verfasser haben könne"[1]); ich will hier nur hervorheben, dass wir keine äussere Beweise zu suchen brauchen, während wir innere haben; über seine Abfassungszeit spricht das Buch selbst. Der Verfasser des Buches Jeṣirah spricht hebräisch, und dies beweist, dass das Buch in einer Zeit geschrieben wurde, in welcher man hebräisch sprach.[2]) Bekanntlich hat mit der syrischen Herrschaft in Palästina auch die syrische Sprache einzureissen begonnen, und das Hebräische wurde ganz verdrängt; schon die Verfasser der letzten hagiographischen Bücher schreiben aramäisch, und dies beweist, dass sich das Volk dieser Sprache bediente. Es findet sich im Buche Jeṣirah keine einzige Wortbildung, welche dem biblischen Hebräisch ganz fremd ist, und im ganzen Buche ist kein einziges specifisch aramäisches resp. griechisches Wort anzutreffen.[3]) Ich bin daher geneigt die Abfassungszeit des Buches Jeṣirah in das zweite Jahrhundert vor Christi Geburt zu setzen, und knüpfe daran die Behauptung, dass das uns unter dem Titel Sepher Jeṣirah erhaltene Buch der Schöpfung dasselbe ist, welches in den Talmudim seine Erwähnung findet. Castelli[4]) will die Altertümlichkeit des Buches Jeṣirah dadurch beweisen, dass es, trotz seiner mystischen Auslegung der Buchstaben des hebräischen Alphabets, von den Vocalen nicht spricht, was beweisen will, dass sie dem Verfasser unbekannt waren. Da aber die Vocalzeichen eine spätere Erfindung[5]) sind, so kann dieser Beweis nur dazu beitragen, die schon ohnehin entwertete Ansicht, das Buch gehöre der gaonäischen Epoche an, zu widerlegen. Den Schleier, der den Abfassungsort des Buches Jeṣirah verhüllt, zu lüften versuchte schon ein Gelehrter vor einem Jahrtausend, Sa'adjah Alfājjumi, in seinem Vorworte zu seinem Jeṣirah-Commentar. Er behauptet nämlich, dass dieses Buch Palästina seine Entstehung verdankt; dieses schliesst er aus der Unterscheidung des Verfassers zwischen einem asperirten und einem unasperirten Reš, was nur in

[1]) Meyer, das Buch Jeṣirah, pag. III.

[2]) Die Mišnah wurde zwar hebräisch geschrieben, was übrigens dem Redaktor nicht ganz gelungen ist, aber dieser Nomocanon war nur für Schriftgelehrte, nicht aber für das Volk bestimmt; dieses leuchtet um so besser aus dem Talmud hervor, in welchem die halakhischen Stücke hebräisch, die volkstümlichen agadischen dagegen aramäisch geschrieben sind.

[3]) Wol finden sich im Buche einige aramäische Worte, diese aber sind spätere Zusätze, wie ich im Text bewiesen habe.

[4]) Commento di Sabbati Donnolo pag. 14.

[5]) Ueber die genauere Zeit ihrer Entstehung ist man nicht genug unterrichtet, spätestens im VI.—VII. Jahrhundert.

Palästina der Fall war[1]); über dieses zu urtheilen ist Sa'adia eher berechtigt als Kritiker der Jetztzeit, da er jener Zeit näher war als wir. Bevor ich dieses Kapitel schliesse, will ich noch einige Worte über die Ansicht Reggios bemerken. Er behauptet[2]) der Verfasser des Buches Jeṣirah habe seine Ansichten aus arabischen Schriften entnommen, und setzt, wie schon erwähnt, seine Abfassungszeit in die gaonäische Epoche; er behauptet ferner, dieses „geringe Machwerk“ sei von den Gelehrten damaliger Zeit ganz unberücksichtigt geblieben, und selbst Maimonides habe noch von ihm keine Nachricht erhalten.[3]) Es ist zu bewundern, dass dieser sonst kundige, in der jüdischen Litteratur bewanderte Gelehrte nicht wusste, dass das Buch Jeṣirah, abgesehen von den Erwähnungen, die es im Talmud findet[4]) schon 2 – 3 Jahrhunderte vor Maimonides nicht nur eifrig studirt und commentirt wurde, sondern sich auch die höchste Verehrung zu erobern wusste. Ich schmeichle mir nicht, den verhängnissvollen Schleier, der das Buch Jeṣirah verhüllte ganz gelüftet zu haben, dies ist ja nach dem Zustand jetziger Forschung eine Sache der Unmöglichkeit; ich glaube aber mich mit einigen Schritten der Wahrheit genähert, manches Dunkle beleuchtet, und der fernern Forschung einen Weg gebahnt zu haben.

II.

Inhalt und System des Buches Jeṣirah.

Das Buch Jeṣirah wurde während 6 — 7 Jahrhunderte von den Qabbalisten missbraucht; man schob ihm Gedanken zu, die dem Verfasser niemals in den Sinn gekommen sind. Man wollte in diesem ganz harmlosen Buche die ausgeartete qabbalistische Sophistik finden und nicht nur die Erklärung,

---

[1]) והיה המקום אשר הועתק בו זה הספר ארץ ישראל לפי ששמות האותיות בהגיונם נחנו מוצאים אותם דלת תו ודומיהם וכן עוד ריש דגש וריש רפה כפי מנהגם, Sa'adiah bedient sich hier des Ausdrucks הועתק, da nach ihm das Buch von Abraham mündlich überliefert sei.

[2]) a. a. O.

[3]) ולכן יותר קרוב להאמין שהוא למד מהם לא הם (von den vorhererwähnten Arabern) ממנו ויצא לנו מזה שהוא היה בזמן הגאונים, ולפחיתות מלאכתו אשר עשה נשאר הספר הקטן טמון ימים רבים בקרן זוית עד שהרמ"בם לא ידע ממנו דבר.

[4]) Vgl. oben.

sondern auch der Text wurde gewaltig verstümmelt. Mit der modernen Kritik wurde die Lage dieses Buches nicht gebessert, auch die Kritiker gegenwärtiger Zeit, wie z. B. Grätz[1]) und die ihm folgenden, handelten nicht besser; sie suchten nicht im Buche das zu finden was in ihm vorhanden ist, sondern das was sie finden wollten, hineinzubringen, was ihnen bei der kurzen räthselhaften Sprache des Verfassers gelungen schien. Grätz findet im Buche Jeṣirah statt der qabbalistischen, die gnostische Speculation, von der der Verfasser nicht träumte; wie weit aber Grätz dieses Buch verstanden hat, und welchen Wert seine „kritischen Resultate“ haben, ist in den Noten zu den betreffenden Stellen dargelegt. Doch wenden wir uns zuerst zu den Qabbalisten. Bekanntlich sind unter dem Ausdruck עשר ספירות im Buche Jeṣirah nicht die zehn, in der jüngern Qabbalisten-Schule durch Einfluss der Gnosis ausgebildeten göttlichen Attribute[2]) zu verstehn, sondern nichts anderes als die zehn abstrakten Grundzahlen, wie aus vielen Stellen dieses Buches hervorgeht. Ebenso sind die כ"ב אותיות des Buches Jeṣirah nichts anderes als die zweiundzwanzig Buchstaben des hebräischen Alphabets, ohne jegliche mystische Zuthaten. Die ל"ב נתיבות פליאות sind, wie der Verfasser selbst in I, 2 erklärt, eine Addirung der zweiundzwanzig Buchstaben und der zehn abstrakten Zahlen, die Qabbalisten aber machten daraus zweiunddreissig verborgene Weisheitsbahnen, von der kühnsten Phantasie ausgeheckt, die in den höhern Regionen eine grosse Bedeutung haben[3]), und stützten ihre Illusion auf den in der Schöpfungsgeschichte

[1]) Gnosticismus und Judentum pag. 103 ff.

[2]) Auch Aeonen, bei den Qabbalisten auch נאצלים d. h. Emanationen, Ausstrahlungen.

[3]) Die zweiunddreissig Bahnen der Weisheit haben folgende Namen: 1. geheimer Verstand (שכל מופלא); 2. glänzender Verstand (שכל מזהיר); 3. geheiligter Verstand (שכל מקודש); 4. haftender Verstand (שכל קבוע); 5. eingewurzelter Verstand (שכל נשרש); 6. Verstand der abgesonderten Emanation (שכל שפע נבדל); 7. verborgener Verstand (שכל נסתר); 8. vollkommener Verstand (שכל שלם); 9. reiner Verstand (שכל טהור); 10. strahlender Verstand (שכל מתנוצץ); 11. funkelnder Verstand (שכל מצוחצח); 12. klarer Verstand (שכל בהיר); 13. die Einheit leitender Verstand (שכל מנהיג האחדות); 14. leuchtender Verstand (שכל מאיר); 15. bestellender Verstand (שכל מעמיד); 16. ewiger Verstand (שכל נצחי); 17. empfindender Verstand (שכל ההרגש); 18. Ausstrahlungs-Verstand (שכל בית השפע); 19. Verstand des Geheimnisses der Wirkungen (שכל סוד הפעולות); 20. Verstand des Wohlgefallens (שכל הרצון); 21. Verstand des Verlangens (שכל החפץ המבוקש); 22. wahrhaftiger Verstand (שכל נאמן); 23. bestehender Verstand (שכל קיים); 24. bildender Verstand (שכל דמיוני); 25. Versuchungs-Verstand (שכל נסיוני); 26. erneuernder Verstand (שכל מחדש); 27. sinnlicher Verstand (שכל מורגש); 28. natürlicher Verstand (שכל מוטבע);

zweiunddreissig Mal erwähnten Gottesnamen אלהים.[1]) Die Buchstaben und die Sephiroth[2]) werden in folgender Weise symbolisirt. Die zehn Sephiroth, welche Krone (כתר), Weisheit (חכמה), Einsicht (בינה), Gnade (חסד),[3]) Macht (גבורה),[4]) Schönheit (תפארת), Triumph (נצח), Glorie (הוד), Basis (יסוד) und Reich (מלכות) heissen, werden in der Form eines Baumes gruppirt, der deshalb Baum der Qabbalah (אילן הקבלה) genannt wird (vergl. Fig. 1).

fig. 1.

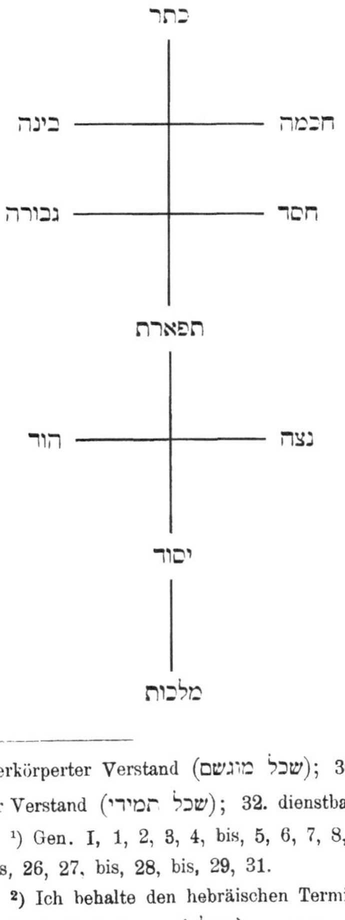

fig. 2.

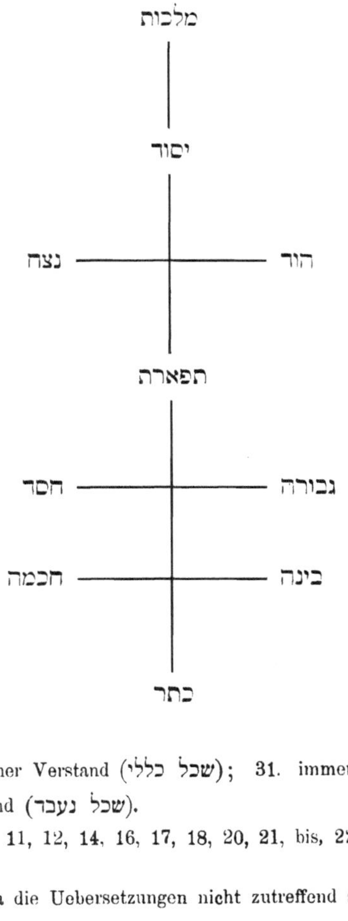

---

29. verkörperter Verstand (שכל מוגשם); 30. allgemeiner Verstand (שכל כללי); 31. immerwährender Verstand (שכל תמידי); 32. dienstbarer Verstand (שכל נעבד).

[1]) Gen. I, 1, 2, 3, 4, bis, 5, 6, 7, 8, 9, 10, bis 11, 12, 14, 16, 17, 18, 20, 21, bis, 22, 24, 25, bis, 26, 27, bis, 28, bis, 29, 31.

[2]) Ich behalte den hebräischen Terminus bei, da die Uebersetzungen nicht zutreffend sind.

[3]) Auch Grösse (גדולה) genannt.

[4]) Auch Gericht (דין) genannt.

Die vier Sephiroth כתר, תפארת יסוד und מלכות bilden den Stamm des Baumes und werden daher עמודא דאמצעותא genannt; die übrigen sechs Sephiroth zur rechten und linken Seite werden Aeste (ענפים) genannt. Diese schematische Darstellung wird auch Urmensch (אדם קדמון)[1]) genannt; die drei obersten Sephiroth, כתר, חכמה und בינה bilden den Kopf (ראש), חסד und גבורה die beiden Arme (ב' זרועות), תפארת den Rumpf (גוף), נצח und הוד die beiden Schenkel (ירכין) und יסוד den Phallus (אמה)[2]) Nun wenn man sich diese schematische Darstellung umgekehrt denkt, d. h. מלכות nach oben und כתר nach unten, so ist מלכות die erste Sephirah, sie ist daher symbolisch zu vergleichen (כבחינת) mit dem א des Alphabets, der ebenfalls der erste Buchstabe ist, denn so heisst es in der Schrift[3]) „und ihr König[4]) wird vor ihnen hergehen und der Herr vorne an". Nun ist der König der Leiter des Rechtes und daher auch der Gerechte, von dem es heisst „der Gerechte ist die Basis (יסוד) der Welt". Auf diese Weise schliesst sich die Sephirah יסוד an die Sephirah מלכות an und da ferner ein Haus auf einer Basis (Fundament) ruhen muss, und der Buchstabe ב im Hebräischen die Bedeutung Haus (בַּיִת) hat, so symbolisirt folglich der Buchstabe ב die Sephirah יסוד. Die Glorie (הוד) des Hauses ist der Hauseigentümer welcher an der Thür steht und Almosen spendet (גמל דלים) folglich ist der Buchstabe ג, der die Bedeutung spenden (גמל) hat, gleich der Sephirah הוד. Der Buchstabe ד symbolisirt den Armen, der etwas vom Spender empfängt, da dieser Buchstabe eine gebogene Linie bildet, gleich dem Armen, der ebenfalls gebogen dasteht; die Sephirah נצח weist ebenfalls auf den besiegten (מנוצח) Armen hin; durch diese Erklärung schliesst sich der Buchstabe ד gleich Sephirah נצח, an den vorhergehenden Buchstaben ג gleich Sephirah הוד. Der Buchstabe ה kann mit dem Munde nicht ausgesprochen werden und wird nur in Gedanken gedacht, was auf die Schönheit (תפארת) der Gedanken hinweisst, daher entspricht der Buchstabe ה der Sephirah תפארת. Der Buchstabe ו steht gerade und stolz wie ein Held (גבור) und symbolisirt daher die Sephirah גבורה. Der Buchstabe ז wendet das Gesicht nach beiden Seiten, wie auch das „gnädige Gesicht" (פנים של חסד) nach allen Seiten gewendet ist, daher symbolisirt dieser Buchstabe die Sephirah חסד. Der Buchstabe ח gleicht der Sephira בינה, da er oben fest und unten offen ist, wie auch die Einsicht ihren Platz oben (im Kopfe) hat. Der Buch-

---

[1]) Demiurgos der Gnostiker.

[2]) Conf. Cordovero, Šiʿur Qomah Kap. 15.

[3]) Michah 2,13.

[4]) מלכם, Anspiegelung auf die Sephirah מלכות.

stabe ט ist herzförmig, d. h. oben geöffnet, er symbolisirt daher die Sephirah חכמה, da der Platz der Weisheit im Herzen ist. Der Buchstabe י ist graphisch betrachtet einem Punkte gleich, aus dem sich die räumlichen Körper entwickeln, er symbolisirt daher die Vernunft welche die Krone ist und gleicht der Sephirah כתר[1]). Dem Buchstaben י folgen die Buchstaben כ, ל und מ, welche zusammen das Wort מֶלֶךְ geben, dieses drückt die Idee aus: der ewige König (מלך) ist Träger dieser zehn Sephiroth[2]) Ich will den Leser nicht weiter mit solchen Albernheiten belästigen, es war nur meine Absicht hier ein Specimen qabbalistischer Scholastik über die Symbolik der Buchstaben zu geben, und diesen Zweck hat das Vorhergehende erfüllt.

Auch die Ansicht Grätz', dass im Buche Jeṣirah gnostische Elemente zu finden sind,[3]) ist eine ganz grundlose Hypothese; die „frappantesten Analogien, eklatantesten Parallelen mit den gnostischen Schriften des zweiten Jahrhunderts" die er in diesem Buche gefunden hat, sind nichts mehr als Illusionen und Träume[4]), und beruhen nicht selten auf Unverständnis des Jeṣirah-Textes. Nach-

---

[1]) Conf. Abraham de Cologne in seinem כתר שם טוב.

[2]) Ueber das Wesen der Sephiroth selbst sind die Qabbalisten nicht einig; einige halten sie für Attribute, die von Gott nicht getrennt sind (עצם האלהות), andere wieder halten sie für von Gott getrennte höhere Wesen (שכלים נפרדים), auch ihr Gebet richteten sie immer an die dem Gebete entsprechende Sephirah (conf. Meir ibn Gabbaj, עבודת הקודש I, Kap. 4—7). Jed. Sal. di Norzi behauptet in seinem massoretischen Commentar zur Bibel (מנחת שי) dass man Qoheleth 12,1 das Wort בוראיך plene (mit י) schreiben soll, diese Pluralform deutet auf die zehn separat wirkende Sephiroth hin. Baḥja ben Ašer teilt das Wort אלהים in אל הם. Die zweite Ansicht wird von der ersten auf das härteste bekämpft, da durch sie der Monotheismus gefährdet wird. Ješa'jah Horwitz sagt in seinem Werke שני לוחות הברית (fol. 34b ed. Amsterdam) „Gott möge uns schützen vor dieser Ansicht, sie ist ein grosser Irrtum, die zehn Sephiroth sind ein einziges Wesen (יחודא חדא) sie bilden das Wesen Gottes, sie sind mit Infinitus (אין סוף) zusammengeschlossen wie die Flamme an der Fackel (ein aus dem Buche Jeṣirah entnommener Ausdruck) und wie der Geist mit dem Körper verbunden ist;" conf. Luzzatto, Dialogues sur la Cabbale et la Zohar pag. 33 ff.

[3]) Gnost. u. Jud. pag. 102 ff.

[4]) Grätz zieht beispielsweise eine Parallele zwischen dem zwölfgliedrigen, mit den Buchstaben des Alphabets symbolisirten Aeonen-Menschen des Marcion und den „zwölf leitenden Organen im Körper" des Buches Jeṣirah, aus dem einfachen Grunde weil bei beiden die Zahl zwölf hervorgehoben wird; bekanntlich spielt aber die Zwölfzahl schon im alten Testament eine grosse Rolle. RABD, der weder Marcion noch Valentin kannte, hat sie ausführlich behandelt.

dem er mehrere Analogien angeführt hat, muss er selbst bemerken[1]): „Es ist allerdings auffallend, dass im Buche Jeṣirah von dieser Gang und Gebe verbreiteten Methode gar kein Gebrauch gemacht wird.“ In den sämmtlichen gnostischen Systemen werden die Aeonen in Syzygien (Paare) eingeteilt (receptive und productive)[2]) durch deren gegenseitige Beeinflussung eine Reihe immer niederer Aeonenpaare[3]) hervorgehen, die zusammen das Lichtreich (plērōma) bilden. Von diesem System aber ist im Buche Jeṣirah keine Spur zu finden. Ich will mich nicht mit der Widerlegung der Grätzschen Ansicht aufhalten. da ich hier nicht Negatives, sondern Positives bieten will, ich will nur kurz bemerken, dass ich so „kühn“[4]) bin, mich gegen die Resultate Grätz' aufzulehnen, und behaupte, dass das Buch Jeṣirah mehrere Jahrhunderte vor Marcion geschrieben ist und selbstverständlich war dieser und sein System dem Verfasser ganz unbekannt.

Zutreffend ist die Ansicht Francks[5]), die Epstein später[6]) ausführlicher darlegte, dass der Verfasser des Buches Jeṣirah seine Gedanken aus der chaldäischen Cosmogonie entnommen hat. Die Namen der sieben Planeten, der zwölf Monate und des himmlischen Drachens[7]) welche in diesem Buche vorkommen, gehören der Sprache sowohl wie auch der Wissenschaft der Chaldäer an. Die Chaldäer haben auf die Juden während ihrer Gefangenschaft in Babylonien einen grossen Einfluss ausgeübt, diese haben von den jenen, wie wir aus dem Talmud wissen,[8]) vieles gelernt. Schon vor einem Jahrtausend ist ein Commentator des Buches Jeṣirah, Sabbataj Donnolo, darauf gekommen, dass die Astronomie des Buches Jeṣirah und der übrigen jüdischen Schriften,

---

1) a. a. O. pag. 109.

2) Bei den Qabbalisten דוכרא ונוקבא und אבא ואמא.

3) Bei den Qabbalisten נאצלים.

4) Grätz sagt über den französischen Gelehrten Franck „es gehörte eine unbegreifliche Kühnheit dazu, sich gegen die übereinstimmenden (?) Resultate deutscher Kritiker aufzulehnen,“ und leider bin auch ich kein deutscher Gelehrter.

5) La Cabbale pag. 80 ff.

6) Beitr. z. jüd. Altertumsk. pag. 40.

7) תלי, vgl. die Noten zum betreffenden Abschnitt.

8) Im Talm. Feruš. Tr. Roš hašanah Kap. I Hal. 2 heisst es: „Es sagt Rabbi Ḥanina, die Namen der Monate brachten sie [die Juden] aus Babylonien mit, Rabbi Šimʿon ben Laqiš sagt auch die Namen der Engel brachten sie aus Babylonien mit“; dasselbe befindet sich auch im Midraš Rabbah zur Genesis Kap. 48. Auch sind nach dem Talmud die Buchstaben des hebräischen Alphabets assyrisch.

mit der der Chaldäer übereinstimmt; in seinem Vorworte erzählt er: „Ich habe Bücher babylonischer und indischer Gelehrter studirt“ „Ich traf einen Gelehrten Namens Bagdasch, der viel von der Weisheit der Planeten und der Gestirne wusste“ „Ich lernte viel von ihm und fand seine Lehre übereinstimmend mit den jüdischen Schriften“ „Ich sammelte die Weisheit des Babyloniers und seine Lehre und machte mich daran diesen Commentar (über das B. J.) zu schreiben[1].“ Da wir jetzt mit Hülfe der assyrisch-babylonischen Keilinschriften auch in die Chaldäische Theo- und Cosmogonie, freilich in beschränktem Masse, gedrungen sind, so ist es uns leicht, nicht nur die Astronomie, sondern auch die Cosmogonie des Buches Jeṣirah mit der der Chaldäer zu vergleichen. Freilich enthält unser Buch kein vollständiges System der Physik, aber eine der Zeit und dem Ort der Abfassung entsprechend ausgebildete cosmologische Darstellung, in welcher die Phänomene der Natur durch Einwirkung einer ersten Ursache zu erklären gesucht wird.

Ich will hier durchaus nicht behauptet haben, dass die Lehre des Buches Jeṣirah aus der der Chaldäer entnommen sei, geschweige sie als specifisch chaldäische bezeichnen; Analogien finden sich auch in der indischen Cosmonogonie[2]), selbst auch in der naturwissenschaftlichen jonischen

---

[1]) וגם מספרי בבל והודו וחקרתי אותם ומצאתים שוים בכל דבר חכמת הכוכבים והמזלות עם ספרי ישראל ודעת כלם שוה ונכונה וגם בינותי בספרים כי כל חכמת הככבים והמזלות מיוסדת בברייתא דשמואל הדורש וגם ספרי הגוים מסכימים עמה אך סתם שמואל עד מאד את הספר שלו ולאחר שכתבתי את הספרים סבבתי בארצות למצוא הגוים היודעים חכמת המזלות והכוכבים להתלמד מהם ומצאתי אחד ושנים ואחרי כן מצאתי גוי אחד מבבל ושמו בגדש והיה יודע חכמת הכוכבים והמזלות לרוב מאד וגם לעשות מעשה חשבון באמת מה שהיה ושיהיה ולהבין במזלות ובכוכבים וכל חכמתו היתה מסכמת עם ברייתא דשמואל ועם כל ספרי ישראל וכ׳ . . . ואחרי למדי מן הגוי ההוא ונסיתי בתכמה והבנתי בחוץ את הרשום בכתב אמת שמתי שכלי לפרש את הספרים כלם שבאו לידי ואגרתי כל חכמתם עם חכמת הגוי הבבלי ולמודו וכתבתים בביאור בספר הנקרא חכמוני.

[2]) In unserem Buche wird hauptsächlich hervorgehoben, dass Gott die Welt aus einem Nichts geschaffen hat; auch die indische Cosmogonie behauptet, dass Brahman ohne Hülfsmittel und Materie schafft; „Man könnte einwenden: es geht nicht an, das geistige Brahman allein und ohne anderes als Ursache der Welt anzunehmen, weil zu einem Schaffen allerlei Hülfsmittel erforderlich sind, so nehmen im Leben die Töpfer u. s. w., wenn sie Gefässe, Gewebe u. dgl. machen wollen, allerlei, wie Thon, Stab und Rad oder Fäden zur Hülfe; und so kann man auch nicht annehmen, dass Brahman ohne alle Hülfsmittel die Welt schaffe. Hierauf ist zu erwidern, dass die Schöpfung durch die specifische Beschaffenheit der Substanz (dravya-sva bhâva-viçeshâd d. h.

Philosophie[1]); aber da, wie erwähnt, die Babylonier auf die Juden einen sehr starken Einfluss ausgeübt haben, so ist es anzunehmen, dass sich Einflüsse auch im Buche Jeṣirah befinden. Das einzige was im Buche Jeṣirah als specifisch jüdisch bezeichnet werden kann, ist seine Wertschätzung und Symbolisirung der Buchstaben, durch deren Zusammensetzung (צרוף האותיות) Gott das Weltall geschaffen habe. Zwar bietet sie manche Analogie mit der Logoslehre, die schon den Juden, Egyptern und anderen alten Völkern nicht fremd war[2]), sie ist aber durchaus nicht mit derselben zu identificiren. Die anderen Theorien des Verfassers, dass die Welt sich durch Emanationen entwickelt habe, und dass diese vom Schöpfer selbst ausgehen, finden sich auch, wie schon bemerkt, in den anderen Cosmologien der Alten, zunächst in der chaldäischen.

Es ist allgemein bekannt, dass in den Cosmologien des Altertums, wie auch im Buche Jeṣirah die Zahlen Drei, Sieben und Zwölf von grosser Bedeutung sind, doch wurde meines Wissens dieses Räthsel nicht erklärt. Ich glaube dieses zu lösen, indem ich darauf hinweise, dass diese genannten Zahlen das Symbol der Emanation und der weiter von sich selbst ausgehenden, mit einem nächsten Wesen zusammenschmelzenden Entwickelung sind. 1 und 2 geben zusammen die Zahl 3, diese mit der folgenden 4 geben 7, die letzte mit der folgenden 5 geben zusammen 12 ($1 + 2 = 3 + 4 = 7 + 5 = 12$)[3]); durch diese Bemerkung ist das Geheimniss enthüllt.

Der Verfasser zählt zehn gränzlose Principien, die er ספירות nennt, des Weltalls auf, „zehn und nicht neun, zehn und nicht elf"; vier, durch welche das Weltall entstanden ist, und sechs, die das schon vorhandene Weltall formten. Das erste Princip ist der Geist des lebendigen Gottes, der zugleich

---

des Brahman) zustande kommt." Deussen, Das System des Vedânta (1883) pag. 242 ff. Auch in der Entwickelung der Urprincipien stimmt die indische Cosmogonie ganz überein mit der unseres Buches, mit dem Unterschiede, dass nach ersterer das Wasser aus dem Feuer, und nach letzterer das Feuer aus dem Wasser entstanden ist. Vgl. Deussen a. a. O. pag. 254. Ueber die Entstehung der Elemente nach der Vedânta sagt Deussen (a. a. O. pag. 255): „Man muss annehmen, dass Gott selbst sich in die Elemente umwandelt, nachdem er z. B. Wind geworden ist, das Feuer schafft"; dasselbe finden wir im Buche Jeṣirah wieder.

[1]) Weiter ausgebildet bei Empedokles, jedoch finden sich im Buche Jeṣirah nur drei Elemente, Luft, Wasser und Feuer; die Erde ist unter תהו ובהו zu verstehen, mit Hinweisung auf Gen. 1,2.

[2]) Conf. S. Rubin, Heidentum und Cabbala pag. 73.

[3]) Der Verfasser des Buches Jeṣirah weiss um so besser von diesen Zahlen Gebrauch zu machen, da ihre Gesammtzahl (22) der Anzahl der Buchstaben des hebräischen Alphabets entspricht.

Stimme und Wort (קול רוח ורבור)[1]) ist; aus seinem Geiste emanirte er, als zweites Princip, die Luft (רוח, auch Geist, Wind) aus welcher er die zweiundzwanzig Buchstaben (die Sophia) bildete; aus der Luft entwickelte sich, als drittes Princip, das Wasser, aus welchem er „Wüste, Leere, Schlamm und Thon“ (d. h. die Erde) bildete; aus dem Wasser entwickelte sich, als viertes Princip, das Feuer, aus dem die höheren Wesen, wie die verschiedenen Engel und der Thron der Herrlichkeit geschaffen wurden; die übrigen sechs Principien sind die sechs Dimensionen: Osten, Westen, Süden, Norden, Höhe und Tiefe. Diese zehn Principien, die durch Zusammensetzung der einzelnen Buchstaben zu Worten entstanden sind, entsprechen den zehn Grundzahlen, denn die Zehnzahl ist ebenfalls die letzte Entwickelung und Fortsetzung der Zahlen, die folgenden sind nur Zusammensetzungen und Verdopplungen. Lassen wir hier die specifisch jüdischen Buchstaben- und Zahlenspeculation bei Seite und behalten wir die reinen cosmologischen Resultate, so finden wir sie in der chaldäischen Cosmologie, ebenfalls mit Weglassung der mythologischen Bilder wieder.[2]) Von Damascius[3]) erhalten wir folgenden Bericht über die babylonische Theo- nnd Cosmogonie. „Unter den Barbaren scheinen die Babylonier den Einen Ursprung aller Dinge mit Stillschweigen zu übergehen. Sie stellen vielmehr zwei Wesen auf. Thaute und Apason, indem sie den Apason zum Mann der Thaute machen und diese die Göttermutter nennen. Dieses Paar habe einen einzigen Sohn erzeugt, den Môymis, welcher, wie ich meine, die aus den zwei Principien sich herleitende intellectuelle Welt bedeutet. Aus denselben sei noch eine andere Generation hervorgegangen, Dache und Dachos; dann wieder eine dritte aus ebendenselben, Kissare und Assoros, von denen drei geboren wurden, Anos und Illinos und Aos. Aos und Dauke hätten den Bel zum Sohne gehabt, der, wie sie sagen, Weltbildner war.“ Diese Götter kommen auch auf den Inschriften vor, jedoch mit manchen Abweichungen der Form. Von den auf den Inschriften erwähnten assyrischen Göttern will ich nur folgende erwähnen; Anu und Anatu, der erste bildet das Urprincip der Natur, er repräsentirt das Weltganze der oberen und unteren Regionen, und als diese geteilt wurden, ward die obere Region, oder der Himmel Anu, die untere Region, oder die Erde Anatu genannt; Vul, der Gott des Luftkreises; Bilkan, der Gott des Feuers; Hea, der Gott des Meeres

---

[1]) Dieser Satz ist nicht autentisch.

[2]) Vgl. auch Epstein, Beiträge zur jüd. Altertumskunde pag. 44 ff.

[3]) Damascii quaestiones de primis principiis, citirt von Smith-Delitzsch.

oder der Wassertiefe. Die Entwickelung und Manifestation dieser Götter zeigt die folgende graphische Darstellung.[1])

Kissar (untere Ausdehnung) — Sar (obere Ausdehnung)

Anu (Himmel) — Anatu (Erde)

Vul (Luftkreis) — Bilkan (Feuer) — Hea (Wasser)

Genau diese Darstellung finden wir auch im Buche Jeṣirah, nur umgekehrt von unten nach oben; auch zählt der Verfasser sechs Dimensionen, ausser Höhe und Tiefe auch noch die vier Weltgegenden, um die Zehnzahl zu bekommen[2]); die graphische Darstellung der Emanationen des Buches Jeṣirah ist diese.

אש (Feuer) — מים (Wasser) — אויר (Luftkreis)

שמים (Himmel) — ארץ (Erde)

רום (obere Ausdehnung) — עומק (untere Ausdehnung)

Da wir weder für die Correctheit des Jeṣirah-Textes bürgen können, noch so weit in den babylonischen Inschriften sind, um aus denselben eine vollständige Cosmologie zusammenstellen zu können, so halte ich es für zwecklos in die Einzelheiten einzugehen und weitere Analogien zu suchen; wir wissen ohnehin, dass die Juden vieles von den Babyloniern entnommen haben, und finden in diesem Buche einen Beleg dafür. A. Epstein[3]) schliesst daraus, dass das Buch Jeṣirah in Babylonien und nicht in Palästina abgefasst wurde, da in Palästina schon in der tanäischen Epoche sich griechische Lehren verbreitet haben. Dieses ist aber nicht anzunehmen; erstens ist die Cosmologie des Jeṣirah nicht specifisch chaldäisch, sondern stimmt nur mit der chaldäischen überein, in Vielem aber auch mit der indischen; zweitens ist unser Buch in

[1]) Vgl. o. a. O. Kap. IV.

[2]) Ganz genau stimmen die beiden Tabellen doch nicht überein, was nach weitergesagtem auch nicht zu verlangen ist.

[3]) Beiträge z. jüd. Altert. Pag. 47.

einer vortanäischen Epoche geschrieben; drittens haben wir andere Beweise, welche gerade für die Abfassung des Buches in Palästiua sprechen.[1])

Die Ansicht, dass die Welt aus drei Principien, Wasser Luft und Feuer, entstanden sei, scheint bei den Juden allgemein verbreitet gewesen zu sein; im Midraš Rabbah, Exod. Kap. 15, heisst es: „Drei Principien waren da, ehe die Welt geschaffen wurde, Wasser, Luft und Feuer; aus dem Wasser entstand die Finsterniss, aus dem Feuer entstand das Licht und aus der Luft[2]) entwickelte sich die Weisheit. Durch folgende sechs Principien wird die Welt regiert: durch Luft und Weisheit, Feuer und Licht, Finsterniss und Wasser[3])"; ähnliches findet sich auch in mehreren andern Stellen der einschlägigen Litteratur. Die Art der Entstehung der Principien, ob sich das eine aus dem andern entwickelt hat, wie in der chaldäischen Cosmogonie, oder ob sie von einander getrennt und unabhängig sind, geht aus dem Buche Jeṣirah nicht ganz deutlich hervor, da die Texte verderbt sind, doch scheint die zweite Ansicht wahrscheinlicher. Auch die ersten Commentatoren desselben, Saʿadjah Alfajjumi und Šabbataj Donnolo sind verschiedener Ansicht, der erste nimmt an, die Principien seien von einander getrennt, der zweite dagegen, seinem chaldäischen Meister folgend, behauptet, dass die Principien sich allmälig eines aus dem anderen entwickelt haben. (Emanation). Die Texte der genannten Commentatoren stimmen mit deren Ansichten überein, es ist aber schwer zu entscheiden, ob die Commentatoren dem ihnen vorliegenden Text gefolgt sind, oder sie sich erlaubt haben den Text nach ihrem Gutdünken zu emendiren; es kann aber auch der Fall sein, dass spätere Abschreiber, durch Unwissenheit oder in vermeintlicher Verbesserung, in die Texte Glossen und Coniecturen aus den Commentaren eingeschoben haben.[4])

Die Hauptidee des Verfassers im Buche Jeṣirah ist die Einheit Gottes im strengsten Sinne[5]) und die Entstehung des ganzen Universums aus der göttlichen Substanz; zu Beginn war weiter nichts da als das einzige göttliche Wesen, als Geist (רוח) verkörpert, aus diesem Geiste entstand die Luft (ebenfalls רוח) aus

---

1) Vgl. vor. Kap.

2) Das hebräische רוח bedeutet auch Geist.

3) ג׳בריות קדמו את העולם המים והרוח והאש המים הרו וילדו אפילה האש הרה וילדה אור הרנח הרה וילדה חכמה . ובשש בריות אלו העולם מתנהג ברוח בחכמה באש ובאור ובחושך ובמים. לפיכך דוד וכ׳ תולדות שמים אש תולדות אויר רוח תולדות ארץ מים

4) Vgl. das folg. Kap.

5) יחיד ואין שני לו ולפני אחד מה ferner ארון יחיד מושל בכלם ממעון קדשו עד עדי עד אתה סופר.

der die zweiundzwanzig Buchstaben (die Sophia) geschaffen wurden. Aus der Luft wurde das Urwasser geschaffen, das sich zu Schlamm verdickte, aus welchem sich die Erde entwickelte; aus dem Wasser wurde das Feuer, d. h. der Aether geschaffen, aus welchem wieder der Himmel entstanden ist. Aus dem Aether wurde der unendliche Raum mit seinen sechs gränzenlosen Dimensionen geschaffen; diese alle Urprinzipien geben zehn Zahlen (ספירות).

Die Buchstaben sind die Sprache, die Weisheit, wodurch alles geschaffen wurde; Gott aber braucht nicht zu sprechen, er setzt die Buchstaben zusammen und sein Wille, die Schöpfung geschieht. Die Buchstaben werden in drei Gruppen geteilt: drei Mütter, sieben Doppelte und zwölf Einfache; aus diesen entstand Alles was sich im Universum, im Jahre und im Menschen befindet. Aus den drei ersten wurden die drei Urelemente des Universums, Luft Wasser und Feuer, die drei Jahreszeiten [1]) und die drei Hauptabteilungen des menschlichen Körpers, Kopf, Leib und Bauch, geschaffen. Aus den sieben doppelten wurden die sieben Planeten im Universum, die sieben Wochentage im Jahre und die sieben Sinnesorgane [2]) im menschlichen Körper geschaffen. Aus den zwölf einfachen wurden die zwölf Sternbilder im Universum, die zwölf Monate im Jahre und die zwölf leitenden Organe im menschlichen Körper geschaffen. Jedes dieser drei, Universum, Jahr und Mensch, hat auch ein Centrum, von welchem alles ausgeht und welches alles beherrscht, wie Gott das Centrum und der Herrscher des gesammten Universums ist. „Wie ein König auf seinem Throne" herrscht der Drache (תלי) in der höheren Region des Universums; „wie ein König in seinem Reiche" herrscht der Sphärenkreis (גלגל) im Jahre; „wie ein König im Kampfe" herrscht das Herz im menschlichen Körper [3]). Am Schlusse giebt der Verfasser eine schematische Darstellung „einer über drei, drei über sieben, sieben über zwölf". Dies sind die Hauptzüge und das System des Buches Jeṣirah, es ist leicht daraus zu ersehn, dass man es weder mit der Qabbalah noch mit dem Gnosticismus identificiren kann, vielmehr ist es eine metaphysische Darstellung der Schöpfung, in beschränktem Massstabe, wie es auch die übrigen Cosmologien des Altertums sind.

---

[1]) Frühling und Herbst sind in diesem Buche ein und dasselbe, sie werden beide mit dem gemeinsamen Namen Gemässigtes bezeichnet; ebenso werden in ihm nicht die Namen Sommer und Winter (קיץ וחורף) gebraucht, sondern Kälte und Wärme (קור וחום).

[2]) Augen, Ohren und Nasenlöcher werden je zwei gerechnet; man vergleiche die Noten zum betreffenden Abschnitt.

[3]) Absch. VI, 7.

III.

Text des Buches Jeṣirah.

Vom Buche Jeṣirah sind vier von einander abweichende Recensionen erhalten, die auch in ihrer Einteilung und ihrem Inhalte nach, von einander verschieden sind; zwei von diesen sind kürzere, die nur wenig spätere Zusätze enthalten, und zwei längere von später eingeschobenen erklärenden Glossen überfüllt. Die weit verbreitetste und am meisten commentirte Recension ist die, welche 1562 zu Mantua zum ersten Male erschien; sie wird von mir der Kürze wegen, mit dem Buchstaben A. bezeichnet. Diese Recension hat zwar manche störende Fehler, immerhin bleibt sie doch die beste, da sie von späteren Einschiebungen so zu sagen verschont geblieben ist. Die Ordnung derselben scheint die ursprüngliche zu sein, nur selten sind manche Wiederholungen und Versetzungen zu bemerken, auch sind dieselben nicht störend. Diejenigen Sätze, welche ich als von späteren Qabbalisten eingeschmuggelt betrachte, z. B. die Einteilung der Prinzipien und Schöpfungen in זכר und נקבה, sind in derselben nur an wenigen Stellen zu treffen, doch fehlen auch manche Worte, die man als ächt anerkennen kann. Dieser Recension folgen auch die meisten späteren Ausgaben, und sie wurde auch von den meisten christlichen Uebersetzern benützt; auch die vorliegende Ausgabe beruht grösstenteils auf dieser, und ganz besonders wurde die Ordnung (nicht aber die Einteilung) beibehalten, sie ist in sechs Abschnitte geteilt, von denen Abschnitt I 14 §§, Abschnitt II 6 §§, Abschnitt III 8 §§, Abschnitt IV 12 §§, Abschnitt V 4 §§ und Abschnitt VI 4 §§ enthält.

Die zweite, von mir mit dem Buchstaben B. bezeichnete Recension ist inhaltlich mit der ersten fast übereinstimmend, und unterscheidet sich nur durch mehrere qabbalistische Zusätze und Verschiedenheit der §§ Einteilung; sie wurde von dem Meister der Qabbalah Jiṣḥaq Loria revidirt, und wird daher auch Lorjanischer Text genannt. Die Aenderungen und Zusätze Lorjas sind weder willkürliche noch kritische, sie haben vielmehr einen mystisch-qabbalistischen Hintergrund, und sind um so mehr für die Textkritik des Buches von grossem Nachteil. Viele Lesarten sind in dieser Recension bedeutend richtiger als in den übrigen, doch sind sie nicht zuverlässig, es gehört viel Vorsicht dazu, die Vorzüge derselben auszunutzen. Obgleich es mit der Grammatik der sämmtlichen Jeṣirah-Texte sehr schlecht bestellt ist, so ist dies in dieser Recension am meisten merkbar, fast durchgängig werden die Genera verwechselt; ich bin zur Annahme geneigt, dass dies eine qabbalistische Bedeutung habe, da solch eine mangelhafte Kenntniss des Hebräischen der Quabbalistenschule kaum zuzuschreiben ist. Auch haben unwissende Abschreiber in den letzten Jahrhunderten, in welchen jüdische Buchdruckereien nicht zu den Seltenheiten gehören, einen ganz geringen Einfluss gehabt. Den Einfluss der Qabbalisten auf diese Recension ersieht man auch aus der Einteilung derselben. Der bekannte Qabbalist Abraham Azulai bemerkt in seinem Buche Ḥesed le Abraham, dass das Buch Jeṣirah in 60 §§ geteilt ist, entsprechend den 60 Traktaten der Mišnah; diese Angabe stimmt mit der Einteilung der Recension A nicht überein, sie hat nur 48 §§; dagegen aber hat die Lorianische Recension wirklich 60 §§[1]), da manche derselben ganz willkürlich getrennt und zusammengesetzt werden. Ob die Einteilung des Buches Jeṣirah in sechs Abschnitten die ursprüngliche ist, oder ob sie von den Qabbalisten herrührt, da diese Einteilung den sechs Sedarim der Mišnah entspricht, ist unbekannt; die Sa'adianische Recension ist zwar in acht Abschnitte geteilt, dagegen aber haben die übrigen uns bekannten sämmtlich sechs Abschnitte. Ueber die Lorjanische Recension sind nur wenige Commentare vorhanden, da nach Loria dieses Buch überhaupt sehr wenig commentirt wurde[2]).

Die dritte, von mir mit dem Buchstaben C bezeichnete Recension war bis jetzt unter dem Namen Sa'adjanischer Text bekannt, und dies ist er auch, da er inhaltlich mit dem Sa'adjanischen Text fast auf das Genaueste übereinstimmt, und nur die Ordnung und die Einteilung ist eine andere. Während beim Sa'adjanischen Text von einer Ordnung gar nicht die Rede sein kann, obwohl er in acht Abschnitte geteilt ist, gleicht dieser Text in seiner Einteilung und fast auch in seiner Ordnung den vorhergenannten Texten. Diese Recension wurde der Mantuaner Ausgabe als Anhang beigedruckt, und ebenso manchen späteren Ausgaben der Recension A. Dieselbe enthält viele Zusätze und Einschiebungen von ganzen Paragraphen, deren Unächtheit kaum zu bezweifeln ist, da dies aus Sprache und Inhalt deutlich hervorgeht. Diese Ergänzungen sind Ueberreste eines den Charakter der alten Midrašim tragenden Commentars, der in den Text eingeschoben und von späteren unwissenden Abschreibern mit dem-

---

[1]) Die von mir benutzte Ausgabe hat zwar 62 §§, jedoch bemerkt der Herausgeber, dass in andern Texten A. A. II und IV je einen § weniger haben. Auch ist die Angabe, die Mišnah habe 60 Traktate, nicht richtig, obgleich sie eine allgemein bekannte ist.

[2]) Vgl. Bibliographie.

selben zusammengestoppelt wurde[1]). Der Text ist, was kaum zu bemerken nöthig ist, bedeutend umfangreicher und sehr verderbt, nur an sehr wenigen Stellen bietet er bessere Lesarten als die vorher genannten. Commentirte Ausgaben dieser Recension giebt es (bis auf Sa'adjah) nicht; ob welche handschriftlich vorhanden sind ist fraglich. Auch diese Recension ist in sechs Abschnitte getheilt, von denen Abschnitt I 10 §§, Abschnitt II 5 §§, Abschnitt III, 10 §§, Abschnitt IV 14 §§, Abschnitt V 21 §§ und Abschnitt VI 13 §§ hat.

Die vierte, von mir mit dem Buchstaben D bezeichnete Recension ist die, welche in dem arabischen Jeṣirah-Commentar Sa'adjas enthalten ist, und von M. Lambert mit genanntem Commentar edirt und französisch übersetzt wurde. Zu erwarten wäre es, dass der Text Sa'adias am besten erhalten sein soll, da sein in arabischer Sprache geschriebener Commentar mit dem Text nicht zusammenschmelzen konnte, doch ist dies nicht der Fall. Dieser Text ist der allerschlechteste und verderbteste, den wir haben; er bietet zwar an manchen Stellen richtige Lesarten und ist auch mehr oder weniger von qabbalistischem Einfluss frei, doch sind seine Fehler viel zahlreicher. Inhaltlich stimmt er mit dem vorigen fast überein, nicht aber in seiner Einteilung und Ordnung; er ist in acht Abschnitte geteilt und ganz und gar ohne systematische Ordnung, auch bietet die Orthographie und Construktion manche Eigentümlichkeiten und Abweichungen[2]). Es ist zu bewundern, dass Sa'adjah so wenig von der Textkritik verstand und jede Corruption und jedes Einschiebsel als ächt aufnahm; er erklärt oft Schwierigkeiten bietende Worte, die sich durch Hilfe anderer Texte als einfache Schreibfehler herausstellen. Da der Sa'adjanische Text von dem unsrigen ganz und gar abweicht, so will ich hier folgende Tabelle geben, die dessen Zusammenstellung nach dem unsrigen darstellt.

Kap. I, 1 — 1, 1, 2. **2** — 1, 3, 5. **3** — 1, 2. 3, 1. 4, 2. 5, 1. **4** — 6, 4, 8. **Kap. II, 1** — 1, 4, 6. **2** — 2, 1. 3, 2. 4, 1, 3. **3** — 4, 4, 5, **4** — 5, 2. **5** — 2, 4. **6** — 6, 3. **Kap. III, 1** — 1, 8, 7. **2** — 3, 4. **3** — 4, 1, 3. **4** — 4, 18. **5** — 6, 1. **6** — 6, 2. **Kap. IV, 1** — 1, 9. **2** — 1, 10 **3** — 2, 3. **4** — 2, 2, 5. **5** — 2, 6. **6** — 1, 11. **7** — 1, 12. **8** — 1, 13, 14. **Kap. V, 1** — 3, 8.

---

1) Wie wir es noch beispielsweise bei Donnolo sehen.

2) Wir finden oft כיאור statt כיעור, טלא statt טלה, סיחה statt שיחה, אילו statt אלו, את statt אות, אומות statt אמות, כאיוצר statt כיצר; וחולן statt וכולן dürfte ein Druck- oder Schreibfehler sein; ferner überall זה עם זה statt זה בזה der übrigen Texte. Statt יהוה hat er immer יוי; zwar scheuen die Juden diesen Gottesnamen zu schreiben, in solch einem von den Juden geschätzten Buche sollte dies aber nicht der Fall sein.

— 3, 9. — 3, 10. — 3, 11. — 4, 15. — 4, 8. — 4, 9. — 4, 10. — 4, 11. — 4, 12. — 4, 13. — 4, 14. — 5, 19. **Kap. VI,** — 5, 3, 6. — 6, 10, 9, 8. — 5, 7. — 5, 8. — 5, 9. — 5, 10. — 5, 11. — 5, 12. — 5, 13. — 5, 14. — 5, 15. — 5, 16. — 5, 17. — 5, 18. — 5, 19. **Kap. VII,** — 6, 16. — 6, 17. — 6, 18. **Kap. VIII,** — 3, 12. — 4, 17. — 5, 20. 6, 7, 8, 15.

Diese vier Recensionen wurden beim vorliegenden Text berücksichtigt, und ihre sämmtliche Zusätze, Glossen und Ergänzungen aufgenommen, jedoch durch Verschiedenheit der Typen gekennzeichnet, damit der Leser das Aechte vom Unächten leicht solle unterscheiden können; Varianten, ausgenommen offenbare Fehler, wurden adnotirt. Diejenigen Zusätze, die weder Versetzungen und Wiederholungen noch auf Aechtheit beanspruchende Glossen sind, sondern einfache Erklärungen wie die übrigen Commentare, wurden zwar auch aufgenommen, aber nicht punktirt und in der Uebersetzung unberücksichtigt gelassen.

Aber nicht nur diese vier genannten Texte wurden zur Redaktion des vorliegenden Textes benutzt, sondern auch die verschiedenen Lesarten, so weit sie vom Werte und in den sämmtlichen uns erhaltenen Commentaren vorhanden sind. Durch Vergleichung und kritische Prüfung aller genannten Texte gelang es mir, wie ich glaube, einen gesäuberten Text herzustellen, auch für die grammatisch consequente Punktation werden mir manche Leser Dank wissen. Der Text, welcher in dem für die Erklärung desselben sehr wichtigen und wertvollen Commentar Donnolos enthalten ist, hat für die Textkritik nur geringe Bedeutung, da in ihm der Text und die Erklärung durcheinander gehen, und es ist unmöglich mit Sicherheit zu entscheiden, was zum ursprünglichen Text gehört und was nicht. Die Rittangelsche Ausgabe ist ein einfacher Abdruck der Mantuaner, mit Weglassung vieler §§ und Hinzufügung neuer Fehler. Der Rittangelschen Ausgabe und Uebersetzung folgt blindlings Meyer in seiner Ausgabe und Uebersetzung, obgleich er zehn verschiedene Ausgaben zu benutzen in der Lage war. Diese beiden von Männern der Wissenschaft besorgten Ausgaben haben einen viel geringern Werth als die seitens der Juden veranstalteten Ausgaben, sie wurden bei vorliegender Ausgabe wol benutzt, aber nicht berücksichtigt.[1]) Bedeutend besser ist die englische Ausgabe von J. Kalisch, welche ein einfacher Abdruck der von mir mit B bezeichneten Recension ist; der Text ist vollständig und die Uebersetzung zuverlässiger; diese Ausgabe ist auch

---

[1]) An wenigen Stellen wurden doch manche Varianten aus diesen aufgenommen, und mit E bezeichnet.

punktirt, aber oft fehlerhaft. Die ungeheuer zahlreichen Fehler des Jeṣirah-Textes besonders dessen eigentümliche Verwechslung der Genera, habe ich eigenmächtig verbessert, ohne dies in den Noten zu bemerken, da solche Bemerkungen für den Leser mehr störend als nützlich sind, besonders habe ich jede Kleinkrämerei weggelassen. Diejenigen Sätze, die ich als zweifellos unächt erachte, sind in Paranthesen geschlossen, so dass die vier verschiedenen Bestandteile des Buches, der ursprünglich richtige Text, die zweifelhaften Stücke, die entschieden unächten Zusätze und die eingeschobenen Erklärungen, sich schon durch die Art des Druckes unterscheiden und in den Typen selbst die Erklärung liegt; jedoch wurde, wo ich es nötig fand, in den Noten manches näher aufgehellt.

IV.

Zur Geschichte des Buches Jeṣirah.

Die Abfassungszeit des Buches Jeṣirah in engerem Sinne, bezw. sein Auftauchen in der jüdischen Litteratur liegt im tiefsten Dunkel. Hie und da finden wir schon im Talmud Nachrichten über dasselbe, jedoch sind diese dürftig und mangelhaft genug und geben keine näheren Aufschlüsse; nur eines geht aus ihnen hervor, dass schon in der tanäischen Epoche ein Sepher Jeṣirah betiteltes Buch, dem man grosse Bedeutung beigelegt hat, welches ferner, wie ich mit Bestimmtheit behaupte, mit dem uns erhaltenen Buche Jeṣirah identisch[1]) ist, existirt hat. Aus der saboräischen und ebenso aus der ersten Zeit der gaonäischen Epoche wird uns über dasselbe nichts berichtet, erst mit Saʿadiah taucht das Buch wieder auf, und zwar schon in sehr verderbtem Zustande, und gewinnt immer mehr an Bedeutung. In den ersten Jahrhunderten, bevor noch die Qabbalah ausgeartet ist, wurde auch das Buch Jeṣirah nicht als qabbalistisch betrachtet; der Inhalt desselben galt als eine naturphilosophische Speculation über das Princip der Welt, ein Hauptpunkt in der griechischen Philosophie. Die mystische und undeutliche Sprache des Verfassers gab jedem Leser Gelegenheit seine eigene Ansicht in diesem Buche zu finden. Die Anhänger der pythagoreischen Schulen,

---

[1]) Ganz grundlos wird dies von einigen bestritten, vgl. S. Rubin, Heidentum und Cabbala pag. 38 in der Anmerkung.

die die Zahlen für das Erste und wesentliche aller Dinge hielten, fanden diese Anschauung auch im Buche Jeṣirah, dessen Verfasser die Zahlen und die Buchstaben für das Princip der Welt hält. Unter עשר ספירות versteht er nichts als die zehn abstrakten Grundzahlen, aber keineswegs göttliche Attribute. Sa'adjah, ein Schüler der aristotelischen Schule, erklärt die zehn Gottesnamen im Buche Jeṣirah für die äquivalenten Ausdrücke der zehn aristotelischen Kategorien. In diesem Sinne schrieb er auch seinen Commentar in arabischer Sprache, der später auch ins Hebräische übersetzt wurde, und trug für die Verbreitung dieses Buches in Mittel-Aegypten viel bei. Sa'adjah hatte vor sich, wie im vorigen Kapitel erwähnt, einen Text aus acht Abschnitten[1]) bestehend, welche wieder in Halakhas (Paragraphen) geteilt waren[2]), den ich schon näher beschrieben habe. Dass im Buche falsche Lesarten sein können, hat schon Sa'adjah befürchtet,[3]) die ihm folgenden Commentatoren behaupten dies geradezu[4]); später wurde der Text immer mehr verderbt. Auch in Babylonien wurde das Buch Jeṣirah eifrig studirt, wie aus einem Gutachten Rabbi Haj Gaons, dessen ich schon im ersten Kapitel erwähnt habe, hervorgeht; ein Schwager des Rabbi Haj, Elijahu ha-Zaqen aus Babylonien, schrieb einen Commentar über dasselbe, der uns aber nicht erhalten ist.

In Keiruwan fand das Studium des Buches Jeṣirah in Jiṣḥaq Jisraëli und Ja'aqob ben Nisim eifrige Förderer. Hier waren schon zwei Recensionen des Buches Jeṣirah im Umlauf, eine kürzere und eine ausführlichere[5]), und Ja'aqob ben Nisim scheint auch zwei Recensionen seines Commentars geschrieben zu

---

1) ונאמר התחילה שהוא שמנה פרקים כל אחד מהם יש לו ענין; Sa'adisch in seinem Vorworte.

2) Die Benennung הלכות יצירה statt ספר יצירה kommt auch im Talmud, Sanhedrin fol. 67b vor.

3) וגם רוב העולם אין בקיאין בו שמא יפול בו שנוי וחלוף.

4) Ja'aqob ben Nisim sagt in einer Stelle seines Commentars (Absch. III) והוא כלו כפי דעתי כנוס על בעל זה הספר כלומר שלא בדעת בעל זה הספר ענין זה לפי שיש בני אדם שסוברים בנפשותם שיודעים והמה לא ידעו ולא יבינו ויפרשו זה הספר בלשון הקודש וסברתם המכוערת ויפול הספר ביד בני אדם כיוצא בהם עוד ויסברו כי הפירוש מנפש הספר ויפרשו הפירוש בפירוש אחר ויאבד הספר in einer andern Stelle: אך שכבר אמרנו כי יתכן להיות בזה הספר דברים מחולפים מה שלא אמרם אברהם אבינו עליו השלום כי פורש הספר בלשון עברי ובאו אחרי כן אנשים אוילים ויפרשו הפירוש אחר ותעדר האמת בינתים.

5) ובקודם לכן התחלנו לפרש ספר זה בנוסחא זולת זאת הנוסחא ובארנו בו מאמר רב סעדיה ז"ל פרק אחר פרק והראנו מקום יופי פשרונו ומקום טעות ומקומות שסבר שהטיב לפרש

haben.[1]) Die Recensionen des Buches scheinen sich damals getrennt zu haben, die eine, die ausführlichere Sa'adjas kam nach Deutschland, die andere kürzere kam nach Spanien, jedoch erlitt jede von ihnen durch Abschreiber noch mehr Korrumpirungen, wie schon Ja'aqob ben Nisim darauf hinweist, dass sich die Randglossen späterer Gelehrten in den Text eingeschlichen haben, oder dass der Text von den Gelehrten selbst in vermeintlicher Verbesserung geändert wurde. Später haben sich durch den Verkehr Gelehrter verschiedener Länder die Recensionen wieder vereinigt, was zu noch mehr Fehlern und Varianten Gelegenheit gab, jedoch haben die spanischen Commentatoren, die mit fremdländischen Gelehrten weniger in Berührung kamen, stets die kürzere Recension beibehalten.

Zur Zeit Ja'aqob ben Nisims scheint das Buch Jeṣirah ein Gegenstand allgemeinen Studiums gewesen zu sein, er klagt, dass die meisten es nicht verstehen, da man „um in dessen Geheimnisse dringen zu können," in der Philosophie, Astronomie und Geometrie gebildet sein muss[2]). Auch der Commentar Sa'adias, der durch die Daniten (בני הדני) nach Babylonien und Keiruwan kam[3]), scheint ihm nicht nur mangelhaft, sondern auch fehlerhaft[4]), und dieser Umstand

---

ולא כיון ואשר שכחם בפירושו ולא זכרם ובראותי כי הולך הענין ומתמשך ומתארך חלט פירושו ממנו ונעזבהו ונקצר הענין כפי מה שראית (באשר) בספרנו זה.

[1]) Conf. A. Jellinek, OLB 1851 pag. 422.

[2]) In seinem Vorworte lesen wir: אמר יעקב בן נסים ז"ל . כי קראנו מאז ספר לבני עמנו הרבנים ,והוא קרוי על שם אברהם אבינו עליו השלום וקוראין אותו ספר יצירה ,כלומר יצירת העולם וההתחלות ,ונראה רוב בני עמנו ,כי טעו ותעו ושגו וסגו מדעת ענינו ,ומלעמוד על סודיו מפני רמזיו העמוקים בו ,אשר אי אפשר להתירם ,ולא לפרש ענינם ולא להבין סודם ,ולא לדעת ביאור רמזיהם אלא למי שהוא בקי בחכמת פילוסופיא ואפני חלקיה השלשה אשר תחלקם חכמת החשבון וחכמת ההנדסה וחכמת החבור כלומר המוצקי ואחריו החכמה השנית והיא חכמת הגלגל וחכמת הטבעים ,כלומר חכמת הרפואות ,ואחר כך ידע זאת החכמה השלישית והיא חכמת היחוד לקב"ה והענינים הרוחנים.

[3]) ועקר זה קבלנוהו מן בני הדני הבאים אלינו מארץ ישראל; vgl. jedoch Landauer, OLB 1846 pag. 125.

[4]) וסובר הייתי להתעסק בזולתו מההבורים ומפירושי הספרים ,אשר תועלתם רבה מזו ,עד שהגיע אלינו מארץ ישראל אבודני ודוד החרש ,שהיו ממדינת פאס ויביאו בידם ספר זה ,פתור ומפורש מפי רב סעדיה הפתומי ז"ל,ואעיין בפירשו ואתבונן בדבריו,למען דעת והבין מעלתו בחכמה החיצונית שהיא חכמת הפילוסופיא ולאיזה מדרגה הגיע בה לפי שכתביו פעמים רבות באו למדינתנו הידועה קירואין ,לזקננו ר' יצחק בן שלמה ז"ל בשאלות מחכמות חצונות ,והוא עדיין בפיתום ,טרם לכתו

gab ihm die Veranlassung seinen Commentar über das Buch Jeṣirah zu schreiben. In Italien war es Šabbataj Donnolo,[1]) der sich eifrig mit dem Buche Jeṣirah beschäftigte und es durch seinen trefflichen Commentar bereicherte. Ich unterlasse es, mich über ihn an dieser Stelle zu verbreiten, da ein vorzüglicher Gelehrter der Gegenwart, Prof. David Castelli in Florenz, dem wir die Herausgabe des Donnolo-Commentars verdanken, über denselben trefflich und ausführlich verhandelte.[2]) Das Buch Jeṣirah wurde auch von andern Zeitgenossen, wie Ahron Sarǵado, Jiṣḥaq Jisraëli und Dunasch ibn Tamim, commentirt; leider liegen diese Commentare, so weit sie noch erhalten sind, vermodert in den Bibliotheken, und es ist mir nicht ermöglicht, aus diesem Material zur Geschichte unseres Buches zu schöpfen. Das XI. und XII. Jahrhundert haben uns auch einige Commentare über das Buch Jeṣirah geliefert, über die ich im nächsten Kapitel ausführlicher sprechen werde; zur eigentlichen Geschichte des Buches tragen sie nicht bei; diese Commentare sind ebenso naturwissenschaftlich-philosophischer Art, und die Commentatoren suchen ebenfalls ihre Ansichten, die auf griechischer Philosophie beruhen, im Buche Jeṣirah wiederzufinden.

Im XIII. Jahrhundert, als die Qabbalah auszuarten begann, schlug die Exegese des Sepher Jeṣirah eine ganz neue Richtung ein. Die Commentare, welche von damals ab bis auf die jüngste Zeit geschrieben wurden, sind sämmtlich qabbalistisch; statt der griechischen Philosophie fand man in diesem Buch allerhand qabbalistische Speculationen uud synkretistische Träume[3]), deren Besprechung nicht hierher gehört; diese Commentare verdrängten die philosophischen der vorigen Jahrhunderte. Die Qabbalisten nahmen das Buch Jeṣirah in Besitz, und es wurde von damals ab mit dem Zohar und den anderen

לבבל, והיה רבי יצחק מראה אותם לי, ואנכי אז בן עשרים שנה, והייתי מעמידו על מקומות טעותו והייתי (והיה?) שמח לבו מפני מעוט שני וכבוא אלינו פירושו לספר זה ועמדתי על המקומות שהצליח בפירושם, ושטעה בו וסר מדרך הישר, ולא הבין מאומה מרזי סודותם, ויסבור כי הבין וידע, ודברים רבים הרגיש בנפשו כי לא הבינם, ויט מעליהם ויחדל מלפרשם, לכך ראיתי לעזוב מה שבידי מזולת ספר זה ולהתעסק בפירושו.

1) Nicht wie einige irrig do Nolo schreiben.

2) In seiner Einleitung zum Donnolo-Commentar; Cap. II, über Donnolo und seine Schriften; Cap. IV, Zergliederung der Donnolo'schen Schrift.

3) In einer alten Handschrift (mitgeteilt in OLB 1848 pag. 811) heisst es: דין ספר אותיות דאברהם אבינו דמתקרי הלכות יצירה וכל דצפי ביה לית שיעורא לחכמתיה והדין דמתקרי סוד העבור שכל העולם תלוי בו לא תמסר יתיה אלא למי שסר מרע ויירא אלהים ומחכה ומקוה לקונו.

qabbalistischen Machwerken zusammengestoppelt. Noch am Anfang dieses Jahrhunderts haben Gelehrte behauptet: „Diese alte dunkle, nur aus wenigen Blättern bestehende Schrift wurde von jeher als das Fundament und als der wirkliche Inbegriff der gesammten höheren Weisheit (d. Qabbalah) betrachtet. Die spätern qabbalistischen Werke sind daher gleichsam nur Erklärungen und erweiterte Ausführungen von demjenigen, was in diesem kleinen wunderbaren Buch auf dunkle, hieroglyphische Weise angedeutet liegt"[1]). In dem Zeitraum vom XIII. bis zum XVI. Jahrhundert wurde eine grosse Anzahl qabbalistischer Commentare über das Buch Jeṣirah geschrieben, von denen noch viele erhalten und oft gedruckt sind, doch trugen diese nicht zur Erklärung, sondern zur Verwirrung des Buches bei. Der Text wurde noch mehr corrumpirt und verderbt, und im XVI. Jahrhundert waren schon vier verschiedene, von einander abweichende Recensionen im Umlauf[2]). Im XVI. Jahrhundert, als das Studium jüdischer Wissenschaften in christliche Kreise einzudringen begann, bildete auch das Buch Jeṣirah keine Ausnahme, und im Jahre 1552, bevor noch eine Textausgabe dieses Buches veranstaltet wurde, erschien zu Paris eine lateinische Uebersetzung und Erklärung desselben, der später mehrere andere folgten.[3]) Leider fehlte es auch den lateinischen Uebersetzungen und Erklärungen, und ebenso der in der ersten Hälfte dieses Jahrhunderts erschienenen deutschen Uebersetzung, ganz an der Kritik und sie folgten blindlings ihren jüdischen Vorgängern[4]). Im Jahre 1562 erschien zu Mantua die erste Druckausgabe des Jeṣirah-Textes, von mehreren Commentaren begleitet. Dem Herausgeber lag der Text in Einteilung und Inhalt verschiedenen variirenden Recensionen vor, wie dies am Schlusse bemerkt wird[5]); es wurde dieser Ausgabe daher auch die

---

[1]) Philosophie der Geschichte, oder über die Tradition pag. 64 ff; citirt von Meyer im Vorworte seiner Jeṣirah-Ausgabe.

[2]) Elijah Wilna klagt, dass das Buch Jeṣirah sehr verderbt ist, er gab sich viel Mühe eine correcte Recension zu bekommen; er erkannte den Lorianischen Text als den richtigen an.

[3]) Davon im nächsten Kapitel.

[4]) Rittangel (ein getaufter Jude) fand auch seine Ansichten im Buche Jeṣirah, z. B. die Trinitätslehre, die Gottheit Christi etc.; er bewies aus demselben die Wahrheit der christlichen Religion; ebenso sagt Meyer in seinen Vorworte zu diesem Buche: „Zweierlei wird sich hieraus ohne Anstand ergeben: erstlich, dass die eigentliche Kabbala oder Mystik der Juden in genauer Verbindung und Uebereinstimmung mit den Lehren beider Testamente sieht, und für die Juden einen Beleg der christlichen Wahrheit enthält."

[5]) מי חכם ויבן הקושי העצום אשר השגנו בהדפסת הספר הנכבד הזה לחלוף הנוסחאות

zweite ausführlichere Recension beigedruckt. Mit der Drucklegung des Buches ward die schriftliche Thätigkeit zur Erklärung desselben abgeschlossen, und erst im XVIII. Jahrhundert schrieb Elijah ben Šelomoh aus Wilna einen Commentar über das Buch Jeṣirah, der durch Abschreiber und Buchdrucker ebenfalls corrumpirt wurde[1]).

Die erste Hälfte des gegenwärtigen Jahrhunderts brachte uns eine deutsche Uebersetzung[2]) des Buches Jeṣirah, die ganz wertlos ist, dagegen aber wurde für die Kritik und Erkenntnis desselben das Befriedigendste geleistet. Zwei Gelehrte, Adolf Jellinek und M. H. Landauer[3]), mit einer umfangreichen Kenntnis der qabbalistischen und einschlägigen Litteratur ausgerüstet, lieferten im Litteraturblatt des Orients[4]) eine Reihe sehr lehrreicher und wertvoller Beiträge und Abhandlungen über die Qabbalah, die für die Geschichte und Entstehung des Buches Jeṣirah bedeutende und wichtige Aufschlüsse geben; was sie besonders auszeichnet, ist ihre scharfblickende Kritik[5]). Der erstere hat auch in seinen Beiträgen zur Geschichte der Kabbala, die ich bei vorliegender Arbeit leider entbehren musste, viel Nützliches über dieses Buch geschrieben. Auch Grätz und Franck gaben nennenswerte Abhandlungen über das Buch Jeṣirah, aber ohne Rücksicht auf die Textkritik.

Erst in unseren Tagen wurde das bedeutendste für die Erklärung dieses Buches geleistet; die drei philosophischen Commentare aus den ersten Jahrhunderten, Sa'adjah Alfajjumis, Šabbataj Donnolos und Jehuda Barcellonis, die von den qabbalistischen in den Hintergrund gedrängt wurden und schon als verloren galten, wurden uns von eifrigen Gelehrten wiedergegeben. Diese Commentare tragen viel für die Erklärung, Herstellung[6]) und Geschichte des Jeṣirah-Textes bei.

הנמצאות ממנו כי רב הוא אם בכמות ואם באיכות . ומזה נמשך חלוף אינו מועט בין מפרשי דבריו אם בסדור הבבות ממנו בקדימה ובאחור ואם בלשון איש ואיש אשר לזה קשה היה לזוגם.

[1]) Vgl. das Vorwort des Herausgebers der letzten Jeṣirah Ausgabe (Warschau 1884).

[2]) Leipzig 1830.

[3]) Der erste gab Beiträge und Analecten unter verschiedenen Titeln, vom zweiten erschien „Vorläufiger Bericht über mein Studium der Münchener hebräischen Handschriften von M. H. Landauer, aus dem Nachlasse mitgeteilt“ OLB 1845—46.

[4]) Berichte, Studien und Kritiken, herausgegeben von Jul. Fürst 1840—51.

[5]) Diese Gelehrten sind nicht, wie es bei vielen andern der Fall ist, blindlings ihren Vorgängern gefolgt, sondern alles aus den Quellen selbst geschöpft; ihre Ansichten, wenn auch oft nicht zutreffend, beruhen auf Grund eigener kritischer Forschung.

[6]) Diese Commentare enthalten auch die Texte des Buches.

Dieses kleine, nur einige Seiten enthaltende Büchlein hat sich den höchsten Platz in der philosophischen Epoche sowohl (bis zum XIII. Jahrh.) wie auch in der qabbalistischen Zeit zu erobern gewusst. Noch nie wurde ein Buch so viel studirt und so oft commentirt wie dieses; bei Gelegenheit dieser Arbeit ist es mir gelungen, von ungefähr fünfzig Commentaren Kenntnis zu nehmen, und eine grosse Anzahl solcher Commentare wird auch der Zahn der Zeit verzehrt haben[1]). Auch sind innerhalb drei Jahrhunderte zahlreiche Ausgaben dieses Buches erschienen, was auf einen bedeutenden Leserkreis hinweist. Eine vollständige Uebersicht über alles, was zur Sepher Jeṣirah-Litteratur gehört soll das folgende Kapitel geben. Von den Abhandlungen, welche über das Buch Jeṣirah sprechen, habe ich selbstverständlich nur die grösseren und selbstständigen, die mehr oder weniger von Bedeutung sind, angeführt, nicht aber Bemerkungen und unbedeutende Berichte, die manche Bücher, besonders Litteraturgeschichten, über dasselbe enthalten; ebenso habe ich von den hebräischen Editionen nur selbständige Separatausgaben, nicht aber diejenigen die in Sammel-, Ritualewerken u. s. w. aufgenommen sind, angeführt[2]).

V.

Bibliographie.

a) Textausgaben und Uebersetzungen des Buches Jeṣirah.

Abrahami Patriarchae liber Jezirah, sive Formationis mundi, Patribus quidem Abrahami tempora praecedentibus revelatus, sed ab ipso etiam Abrahamo expositus Jsaaco, et per Profetarum manus posteritati conservatus, ipsis autem 72 Mosis auditoribus in secundo divinae veritatis loco, hoc est in ratione quae est posterior autoritate habitus. Vertebat ex Hebraeis et commentariis illustrabat Wilhelm Postell. Parisiis 1552. 16⁰ 84 SS.

---

[1]) Das Loos hebräischer Bücher im Mittelalter ist ja bekannt.

[2]) Der Vollständigkeit halber bemerke ich hier, dass das Buch Jeṣirah, oder wenigstens ein Teil desselben sich in folgenden, sehr oft gedruckten Werken befindet: שערי ציון, Ritual- und Gebetbuch von Nathan ben Mošeh Hannover; נאדר בקדש Sammlung qabbalistischer Gegenstände; תקוני שבת, Ritualwerk von Šelomoh Aïlion, תקון ליל שבועות והושענא רבא, liturgisches Werk über die Virgilien zu Šebuoth und Hoša'na Rabba.

ספר יצירה (editio princeps) nebst den Commentaren RSA, RABD, RMBN, REBJ und RMB: herausgegeben von Ja'aqob ben Naphtali Gazolo. Mantua 1562. 4⁰ 210 SS.

Jean Pistor. Liber de Creatione, Cabalistinis hebraeice Sepher Jezira autore Abrahamo. [Angefertigt von Reuchlin?] Aufgenommen in sein Werk Artis Cabalisticae etc. Basiliae 1587 pag. 869—872.

ספר יצירה. i. e. Liber Jezirah. Qui Abrahamo Patriarchae adscribitur, uno cum commentario Rabi Abraham F[ilii] D[ior] super 32 Semitis Sapientiae a quibus liber Jezirah incipit. Translatus et Notis illustratus a Joanne Stephano Rittangelio. Amsterdami 1642. 4⁰ 208 SS.

Athanasius Kircher soll (nach Fürst und Steinschneider) in seinem Werke Oedipus Aegyptiacus II, 1, eine lateinische Uebersetzung des Buches Jeṣirah gegeben haben, ich habe nur Auszüge gefunden. Roma 1653.

ספר יצירה עם ספרא דצניעותא, nebst einem Vorworte von Mošeh ben Ja'aqob Ḥagiz; herausgegeben von Ja'acob ben Abraham. Amsterdam 1713. 12⁰ 48 SS.

ספר יצירה, nebst den Commentaren RABD, RMBN, und RJL; herausgegeben von Jonah ben Ja'aqob und Ješa'jah Aškenazi. Konstantinopel 1719. 8⁰ 52 SS.

ספר יצירה, nebst den Commentaren RABD, RMBN und RJL (vielleicht identisch mit der vorhergenannten Ausgabe) Konstantinopel 1724. 4⁰.

ספר יצירה, nebst den Commentaren RSA, RABD, RMBN, REBJ, RMB und RIL. Zolkiew 1745. 4⁰

ספר יצירה, nebst dem Commentar von RMBJ. Korec 1779. 4⁰.

ספר יצירה, nebst einem Commentar von RJBJ. Grodno 1797. 8.

ספר יצירה, punktirter Text, mit den Commentaren RABD, RMBN, REBS, REBJ, RSA und RMB, besorgt von Menaḥem Mendel aus Schklow. Grodno 1806. 4⁰ 172 SS.

ספר יצירה, nebst den Commentaren RSA, RMBN, RMB, RABD, REBJ und REBS. Wilna-Grodno 1820. 4⁰

Das Buch Jezira, die älteste kabbalistische Urkunde der Hebräer. Nebst den 32 Wegen der Weisheit [des RABD]. Hebräisch und Teutsch mit Einleitung, erläuternden Anmerkungen und einem punktirten Glossarium der Rabbinischen Wörter. Herausgegeben von Johannn Friedrich von Meyer. Leipzig 1830. 4⁰ 36 SS.

ספר יצירה Krakau 18 . . . 4⁰.

ספר יצירה, nebst den Commentaren RSA, RABD, RMBN REBJ und RMB Prag 4⁰.

ספר יצירה, nebst den Commentaren RABD, RMBN, RSA, REBJ, RMB, RJL in REBS. Herausgegeben von Benjamin Bischko. 3. Aufl. (?) Lemberg 1860. 4° 176 SS.

ספר יצירה, nebst dem Commentar des REBS und einem Supercommentar betitelt תולדות יצחק von Jiṣḥaq Cahne. Jerusalem 1874. 4° 186 SS.

ספר יצירה, Sepher Jezirah. a book on creation; or, the Jewish methaphysics of Remote Antiquity. With English Translation, Preface, Explanatory Notes and Glossary, by Rev. Dr. Isidor Kalisch New-York 1877. Kl. 8° 57 SS.

ספר יצירה, nebst den Commentaren RSD, RSA, RABD, RMBN, RMB, REBJ, RMBJ, RJL, RJBJ und REBS; der Text ist in drei Recensionen gedruckt; besorgt von Samuel Loria. Warschau 1884. 4° 148 und 64 SS.

Meyer Lambert, Texte du Sefer Jesira; in seinem Sa'adia-Commentar pag. 1—11 der französischen Uebersetzung. Paris 1891.

Nach einigen Bibliographen habe RSA das Buch Jeṣirah auch ins Arabische übersetzt (vgl. Benjakob אוצר הספרים pag. 229); in dem von Lambert edirten Commentar ist der Text nur in hebräischer Sprache erhalten.

Eine anonyme lateinische Uebersetzung des Buches Jeṣirah befindet sich handschriftlich in der Nationalbibliothek zu Paris, cod. heb. No. 881,1.

b) Commentare über das Buch Jeṣirah.

Abraham ben David (Dior) aus Posquières (st. 1198). Schon R. Ḥajim Vital wies darauf hin, dass der unter dem Namen des RABD gedruckte Commentar nicht von ihm ist. In der neuern Zeit sind die Gelehrten über die Aechtheit dieses Commentars streitig, doch behaupten die meisten, dass er ihm nicht angehört, was auch anzunehmen ist, da im Vorworte das Jahr הק"ץ (5190)= 1430 erwähnt wird. Jellinek (OLB, 1851 pag. 425) meint, dass die ganze eingeschlossene Stelle, in welcher diese Jahresangabe vorkommt, von einer andern Hand herrührt; jedenfalls ist dieser Commentar aus der Schule des RABD hervorgegangen. Als eigentlicher Verfasser dieses Commentars wird ein deutscher Rabbiner, der in der angeführten Zeit lebte, Rabbi Joseph ha-Arukh (der Lange) bezeichnet.

Abraham ben Meïr ibn 'Ezra (1092 - 1167). Teilweise Erklärungen zum Buche Jeṣirah sind in seinem Commentar zum Pentateuch (Exod 3,15) erhalten, jedoch führt Abu l'Afia im Vorworte zu seinem אוצר עדן auch einen selbstständigen Jeṣirah-Commentar ibn 'Ezras an, und bemerkt, dass er grösstenteils philosophisch und nur wenig qabbalistisch sei. Auch erwähnt derselbe den

Commentar ibn 'Ezras in einem Briefe an seinen Bruder, er sagt: וכל שכן שאני כבר ראיתי פירושו על ספר יצירה (conf. R. Kirchheim, OLB, 1846 pag. 666). Ebenso geht aus einem Citat seines Supercommentators Samuel Motōt hervor, dass er einen besondern Commentar über das Buch Jeṣirah geschrieben hatte.

Abraham ben Šemuël Abu l'Afia (geb. 1240). Er schrieb (im Jahre 1289) einen Commentar über das Buch Jeṣirah betitelt גן נעול, der sehr willkürlich ist, jedoch nützliche Erläuterungen enthält. Er findet im Buche Jeṣirah die pythagoreische Lehre der Zahlenverhältnisse und die Lehre von den Buchstaben-Combinationen. Im Vorworte zu seinem אוצר עדן zählt er zwölf Jeṣirah-Commentare auf, die er sämmtlich benutzt hat. Dieser Commentar befindet sich handschriftlich in der Staatsbibliothek zu München (cod. heb. No. 58,4) und in der Bodlejana (cod. heb. 1911,6); Proben aus demselben gab Rittangel in seinem Jeṣirah-Commentar.

Abu Sahl s. Dunasch ibn Tamin.

Ahron ben Joseph Sargado (890—960) Zahlreiche Bruchstücke aus dessen Commentar giebt RMB in seinem Jeṣirah-Commentar.

'Azriël ben Šelomoh [ben Menaḥem?] (1160—1238) dessen Commentar über das Buch Jeṣirah, so weit mir bekannt, ist nicht erhalten; Abu l'Afia (a. a. O.) berichtet über ihn „seine Traditionen sind viel und mysteriös" Vgl. auch Ezra und Mošeh ben Naḥman.

Barukh ben Barukh (XIII. Jahrh.) Sein Schüler Abu l'Afia berichtet über ihn, dass er einen Commentar über das Buch Jeṣirah schrieb, der voll ist von Buchstabenrechnungen, Buchstabenabkürzungen und Buchstabenzusammensetzungen (פירושו גם הוא כולו מגומטר מנוטרק ומצורף ומומר עם כל דרכיו). Fragmente desselben sind in der Bodlejana (cod. heb. 1598,3) erhalten.

Barukh Togarmi Šaṣ (ש"ץ). Sein Buch מפתחות הקבלה über das Buch Jeṣirah befindet sich handschriftlich in der Nationalbibliothek zu Paris (cod. hebr. 770,1).

Dunasch (oder Adonim) ibn Tamim [Abu Sahl] (X. Jahrh.): Er schrieb einen philosophishen Commentar über das Buch Jeṣirah in arabischer Sprache und wird von Abu l'Afia angeführt. Eine hebräische Uebersetzung desselben befindet sich handschriftlich in der Königl. Bibliothek zu Berlin (MSS. or. oct. 243.4.), in der Nationalbibliothek zu Paris (cod. hebr. 1048,2) und in der Bodlejana (cod. hebr. 2250,2). Er wird auch mit Jiṣḥaq Jisraëli identificirt, doch wird dies vielfach bestritten. In der Berliner Handschrift heisst es zwar: פירוש ספר יצירה לדנ"ש בן תמים הנקרא אסחק אלישראלי daraus ist aber nicht zu schliessen; vergl. Munk, Notice sur Aboul Walid, Journal Asiatique 1850, Neubauer, Catalogue of. hebr. Mss. Oxford. No. 1118, Fürst OLB 1850 p. 787.

Elijahu ben Menaḥem ha-Zaqen (c 1000). Sein Commentar über das Buch Jeṣirah wird von RMB oft citirt.

Elijahu ben Šelomoh aus Wilna (1720—1797). Sein Jeṣirah-Commentar (über die Lorjanische Recension) ist rein qabbalistisch; in die ersten Ausgaben desselben sind, da er neben der Mantuaner Recension gedruckt wurde, manche Verwirrungen eingeschlichen, in der letzten Ausgabe (Warschau 1884) wurden diese beseitigt.

El'azar Aškenazi. Dessen Commentar wird von Abu l'Afia erwähnt, er ist aber, wie ich glaube, nicht mehr vorhanden.

El'azar ha-Daršan Aškenazi. Dieser ist mit dem vorhergenannten nicht zu verwechseln, da Abu l'Afia sie unterscheidet und zwei Commentare von ihnen aufzählt; während er den Commentar des vorhergenannten im Besitz hatte, berichtet er über diesen: „Ich habe gehört, dass Rabbi E.ha-D. trefflich erläutert habe [das B. J.], jedoch gelang es mir bis heute nicht, ihn [dem Comm.] zu erhalten.“ Dieser Commentar befindet sich handschriftlich in der Staatsbibliothek zu München (cod. hebr. No. 30); Delitzsch hat ihn fälschlich R. El'azar aus Worms zugeschrieben.

El'azar ben Jehuda aus Worms (st. 1238). Der von ihm gedruckte Commentar ist nur ein dürftiger Auszug, vollständig ist er nur handschriftlich erhalten und befindet sich in den Bibliotheken zu Rom und Florenz (vgl. Luzzatto, OLB 1847 pag 343 und Castelli, Comm. di Sabb. Donn. Pag. IV.) Sein Commentar ist grösstenteils aus RSD geschöpft; am Schlusse der Florentiner Handschrift (Castelli. a. a. O. p. V.) heisst es: Schluss des Buches Jeṣirah und des Commentars des gelehrten Arztes Sabbataj ben Abraham, wie mir von meinem Vater und Lehrer Rabbi Jehudah Ḥasid ben Rabbi Šemuël überliefert wurde, und habe Erläuterungen ergänzt auch ich El'azar“. (Eine Separatausgabe dieses Commentars habe ich in einem Bücherverzeichnis angeführt gesehen; ist dieser vielleicht der vollständige?)

Ezra (st. 1238), Schüler des blinden Rabbi Jisḥaq (רבי יצחק סגי נהור) und Lehrer des RMBN; über dessen Commentar, dessen Vorhandensein unbekannt ist, berichtet Abraham Abu l'Afia: „Seine Tradition ist wenig und richtig.“ Jellinek (Beth ham. III pag. XXXIX) behauptet, dass der vorher genannte 'Azriël und dieser Ezra eine und dieselbe Person seien; allein wenn es auch zwei Personen dieses Namens gegeben hat, so glaubt er doch „genügend bewiesen zu haben„ (Beiträge II pag. 32 ff.), dass sie für die Litteraturgeschichte nur eine Person ausmachen können, da dieselben Schriften bald dem einen bald dem andern zugeschrieben werden (vgl. auch OLB 1851, pag 561). Auch M. H. Landauer (OLB 1845 pag. 196) hat „die zuverlässigsten kritischen Beweise," dass עזרא eine Abkürzung des Namens עזריאל sei. Ich glaube aber, dass die Annahme Zunz', ʿEzra und ʿAriël sind zwei verschiedene Personen, die richtige ist; sie sind, meiner Ansicht nach, auch für die Litteraturgeschichte zu unterscheiden, da Abu lʿAfia (a. a. O.) beide Commentare unterscheidet. Recanati berichtet in seinem Commentar über den Pentateuch (פרשת נשא): „RABD überlieferte sie [die Qabbalah] seinem Sohne, Jiṣḥaq dem Blinden, und er überlieferte sie seinen beiden Schülern, der eine ist R. Ezra, der einen Commentar zu שיר השירים verfasst hat, der andere ist R. Azriël; nach ihnen wurde sie RMBN überliefert."

Hai ben Šerira Gaon (969—1038). Zahlreiche Bruchstücke aus seinen Erklärungen zum Buche Jeṣirah sind in dem Jeṣirah-Commentar des RMB erhalten; Jellinek hat diese Bruchstücke zusammengestellt und separat abdrucken lassen (OLB 1851 pag. 546—556).

Jaʿaqob aus Segovia. Dessen Commentar über das Buch Jeṣirah wird von Abu lʿAfia (a. a. O.) angeführt, er bezeichnet ihn als rein qabbalistisch.

Jaʿaqob ben Nisim aus Keiruwan (geb. 908). Sein Commentar über das Buch Jeṣirah befindet sich handschriftlich in der Staatsbibliothek zu München (cod. hebr. 92,20). Proben aus seiner Einleitung gaben M. H. Landauer (OLB 1845 pag. 562 ff.) und L. Dukes im קונטרס המסורת (Tübingen 1846); S. Munk (Notice sur Aboul Walid, Journ. As. 1850), und Castelli (Comm. di S. Don. pag. VI) behaupten, dass dieser Commentar Jiṣḥaq Jisraëli angehöre; dieses ist aber nicht anzunehmen, da Sachs (OLB 1850 pag. 166) über den Münchener Codex berichtet, er enthalte vier Commentare, nämlich Saʿadjas, Jaʿaqob ben Nisim, Sabb. Dannolos und Jiṣḥaq Jisraëlis. Vergl. jedoch Fürst, Anmerkungen zu seiner Uebersetzung der genannten Abhandlung (OLB 1850), M. Steinschneider, Catalog der Münchener Handschriften (No. 92,20) und M. H. Landauer OLB 1846. pag. 2 ff. Sachs (a. a. O.) bezeichnet diesen Commentar als Supercommentar zu dem Saʿadjas, was aber nicht zutreffend ist. Das Buch Jeṣirah kann nur derjenige verstehen — sagt Jaʿaqob ben Nisim, — der philosophisch gebildet ist; er fühlte sich veranlasst, seinen Commentar zu schreiben, da er den Saʿadjas fehler- und mangelhaft fand. Doch zollte er auch Saʿadjah hohe Verehrung. Vgl. auch Jiṣ. Jisraëli.

Jehudah ben Barzilaj Barceloni (c. 1130); sein Commentar über das Buch Jeṣirah ist viel umfangreicher als alle übrigen; vor Kurzem herausgegeben von

S. I. Halberstamm unter dem Titel: Commentar zum Sepher Jezira von R. Jehuda b. Barsilai aus Barcelona. Nach einer einzigen Handschrift in Padua zum ersten Male herausgegeben, mit einer Einleitung und Anmerkungen. Nebst ergänzenden Noten von Prof. Dr. J. Kaufmann. Berlin 1885. 8. (Mekize Nirdamim).

Jehudah ben Nisim ibn Malka (XIV. Jahrh.). Sein in arabischer Sprache geschriebener Commentar über das Buch Jeṣirah (תפסיר ספר יצירה) wird von Šemuël Mōtōt und ibn 'Ezra citirt (vgl. S. Munk, Notice sur R. Sa'adia pag. 16); derselbe befindet sich handschriftlich in der Nationalbibliothek zu Paris (cod. hebr. 764,3.). Einen Auszug aus diesem Commentar gab Hirschfeld in seiner Arabic Chrestomathy (London 1892) pag. 19—31. Eine hebräische Uebersetzung desselben befindet sich ebenfalls handschriftlich in der Bodlejana (cod. hebr. No. 1536). Vgl. A. Neubauer, Calalogue of the hebr. manuscr. (Oxford 1886).

Jehudah ben Šemuël ha-Ḥasid (st. 1226). Sein Commentar über das Buch Jeṣirah wird von Abu l'Afia erwähnt, mit dem Bemerken, dass er Sabb. Donnolo folgt.

Jehudah ben Šemuël ha-Levi (1068—1118). Eine philosophische Erklärung des Buches Jeṣirah giebt er in seinem Buche Kuzari, Abschnitt IV § 25.

Joseph Edels ספר ברכת יוסף, פירוש מספיק על ספר יצירה Salonica 1831.

Joseph der Lange (הארוך) (XIV. Jahrh.) Vgl. M. Steinschneider Catalog der Münchener hebr. Handschriften (115,3); siehe auch Abraham ben David.

Joseph de Saporta. Ein Fragment aus seinem Commentar über das Buch Jeṣirah ist in Botarellos Jeṣirah-Commentar erhalten.

Joseph Sar-Šalom (XV. Jahrh.). Sein Commentar über das Buch Jeṣirah wird von Ahron Alrabi in seinem Supercommentar zu Raschi angeführt (vgl. L. Zunz, zur Gesch. u. Litt. pag. 250).

Joseph ben 'Uziël. Ueber dessen Commentar über das Buch Jeṣirah [Pseudo?] vgl. Neubauer, Catalogue No. 1947,3. Nach anderen (vgl. Heilpern סדר הדורות) soll er ein Sepher Jeṣirah betiteltes Buch geschrieben haben, welches eine Ergänzung bildet zum unsrigen.

Jiṣḥaq ben Abraham ibn Latif (1220 - 1290). M. H. Landauer berichtet (OLB 1945 pag. 228) über ihn, dass er es unternommen hat unter andern Schriften auch das Buch Jeṣirah philosophisch auszulegen; er giebt aber, wie immer, keine Quelle an.

Jiṣḥaq ben Löb Cahne. תולדות יצחק, Supercommentar zu REBS's Commentar über das Buch Jeṣirah. Dieser Commentar enthält nur qabbalistische Spielereien und ist für die Erklärung des Buches ohne irgend welchen Wert; erschienen nebst Beifügung des Jeṣirah-Textes und des Commentars des REW zu Jerusalem 1874. Unter demselben Titel liess der Verfasser ein zweites Buch erscheinen (Jerusalem 1879), welches denselben Inhalt enthält und eine Ergänzung zum genannten Commentar bildet.

Jiṣḥaq Bedarši [Grossvater des Jeda'jah ha-Penini?]. Sein Commentar über das Buch Jeṣirah wird von Abu l'Afia angeführt, und über ihn bemerkt, dass er der allerbeste aller nichtmystischen Commentare sei. Er schrieb auch eine Abhandlung über die 231 Pforten [der Buchstaben-Combinationen] des Buches Jeṣirah in alphabetischer Ordnung.

Jiṣḥaq ben Abraham der Blinde (סגי נהור) aus Posquières (XII. Jahrh.). Sein Commentar über das Buch Jeṣirah wird von Ḥajim Vital in der Vorrede zu seinem Werke עץ חיים angeführt, und ist handschriftlich in der Bodlejana (cod. hebr. 2456,12) und in der Bibliothek zu Leyden (cod. hebr. 24,16) erhalten. Ueber eine zweite Handschrift vgl. OLB 1844 pag. 481.

Jiṣḥaq ben Jequthiël aus Polozk. Sein פרי יצחק betitelter Commentar ist rein qabbalistisch, die Sprache ganz dunkel und mystisch; er gehört der Lorianischen Schule an.

Jiṣḥaq ben Šelomoh Jisraëli (830—932). Sein in astronomisch-philosophischem Geiste abgefasster Commentar über das Buch Jeṣirah in arabischer Sprache befindet sich handschriftlich in der Nationalbibliothek zu Paris. Dieser Commentar wurde auch von dem bekannten Uebersetzer Naḥum ha-Ma'arabi ins Hebräische übersetzt; ein Fragment der hebräischen Uebersetzung gab L. Dukes in קונטרס המסורת (Tübingen 1846) pag. 5—10. Vgl. S. Fried, Das Buch über die Elemente, Leipzig 1884, Kap. 8 u. 9.

Jiṣḥaq ben Šelomoh Loria (1534—1572). Sein Commentar über den ersten Abschnitt des Buches Jeṣirah, nebst einer qabbalistischen Abhandlung (מאמר קדישין) über dasselbe ist am Schlusse der ed. Warsch. abgedruckt.

Jiṣḥaq ben Šelomoh ibn Sahula (1204—1268). Sein Commentar über das Buch Jeṣirah ist, wie mir Herr Dr. A. Berliner mitteilte, in der Casanatense „und noch anderswo“ enthalten.

Meïr Aristola. Ueber dessen Commentar über das Buch Jeṣirah berichtet Šel. Alqabaṣ (אפריון שלמה Kap. 3) er habe die Wahrheit nicht getroffen.

Meïr ben Mošeh Kornik (Anf. XIX. Jahrh.). Seine Erklärungen zum ersten und letzten Abschnitt des Buches Jeṣirah, betitelt הדרי קדש, erschienen zu Dyrhenfurt 1712.

Mošeh Botarello aus Spanien (Anf. d. XV. Jahrh.) Seinen philosophisch-mystischen Commentar über das Buch Jeṣirah schrieb er im Jahre 1409 auf Wunsch eines christlichen Gelehrten Maestro Juan, und benutzte dazu viele qabbalistische Schriften. Dieser Commentar ist für die Litteraturgeschichte von sehr grosser Wichtigkeit, da darin eine grosse Anzahl Gelehrter und Schriften angeführt werden, von denen man sonst nichts weiss. Botarello ist sonst in der jüdischen Litteratur nicht bekannt, durch die vielen Citate, welche sich in seinem Commentar befinden, wurde er übel berüchtigt, Rapoport nennt ihn schlechtweg זייפן, was jedenfalls zu hart ist. Näheres vgl. Jellinek, OLB 1846 pag 187 ff.

Mošeh ben Ja'aqob (XV. Jahrh.) Sein Commentar über das Buch Jeṣirah betitelt, אוצר ה' ist rein qabbalistisch, er erschien zum ersten Male zu Korec 1797.

Mošeh ben Ja'aqob ibn Šušan. Von diesem wird im Catalog Märzbacher (München 1888) No. 104 ein handschriftlicher Commentar über das Buch Jeṣirah angeführt, der im Jahre [5] 271 (= 1511) verfasst wurde. Ueber den Codex wird nicht näher bemerkt, nur dass er 1718 geschrieben wurde. Höchst wahrscheinlich ist dieser mit dem vorhergenannten identisch.

Mošeh ben Ja'aqob Cordovero (1522—1570). Sein Commentar über das Buch Jeṣirah ist meines Wissens, nicht erhalten; vgl. J. Fürst, Bibl. Iud. I. pag. 187. Erklärungen zum ersten Abschnitt sind in seinem Werke פרדס רמונים Pforte I Kap. 1 vorhanden; auch ist das Buch Jeṣirah teilweise in seinem Buche שיעור קומה erklärt.

Mošeh ben Joseph; siehe Sa'adiah Alfajjumi.

Mošeh Maimonides (1135—1204). Nach Heilpern (סדר הדורות) soll er einen Commentar über das Buch Jeṣirah geschrieben haben, näheres ist hierüber nicht bekannt. Die Behauptung Reggios (a. a. O.), das Buch Jeṣirah sei zur Zeit Maimonides' noch unbekannt gewesen, ist falsch; nach manchen (vgl. Koch, Jsaak bar Scheschet pag 2) habe Maimononides gesagt „das Sepher Jeṣirah und alle ähnliche Schriften verdienen verbrannt zu werden."

Mošeh ben Naḥman aus Gerona (1194—1267) Ein seinen Namen tragender Commentar ist öfters gedruckt. A. Jellinek (Beiträge I pag 9, II pag. 49, OLB 1851 pag. 562) behauptet, dass dieser Commentar einem Lehrer des RMBN, Rabbi 'Azriël ben Menaḥem, der nach ihm mit Ezra identisch ist, angehöre; in einer anderen Stelle aber (OLB 1851 pag. 426) bemerkt er über den Zweifel Cordoveros (ועוד שעדיין לא נתאמתנו היות הפירוש ההוא להרמ"בן כפי הנראה מתוכו) „dieser kritische Zweifel an die Aechtheit des Nachmanischen Jezira-Commentars ist aber höchst grundlos, da Inhalt und Form dem Geiste Nachmanis angemessen sind.“

Naḥum ha Maʿarabi; siehe Jiṣḥaq Jisraëli.

Pereṣ ben Jiṣḥaq ha- Kohen (XIII. Jahrh.); in seinem Werke מערכת האלהות in dem das Buch Jeṣirah teilweise erklärt wird, citirt er auch einen von ihm verfassten selbstständigen Commentar über das Buch Jeṣirah (ברייתא דספר יצירה) Vgl. Wunderbar, OLB 1848 pag. 737.

Wilhelm Postell (1510—1581): Seine Noten und Erklärungen zum Buche Jeṣirah, in lateinischer Sprache, erschienen zu Paris 1562.

Jean Stephan Rittangel (1606—1652). Sein Commentar über das Buch Jeṣirah, in lateinischer und hebräischer Sprache, der sich jedoch nur auf den ersten Abschnitt erstreckt, ist rein qabbalistisch ohne irgend welchen Wert.

Saʿadjah ben Joseph Alfajjumi (pseudo). Der unter dem Titel פירוש רס״ג oft gedruckte Commentar über das Buch Jeṣirah galt bis vor Kurzem als ächt, obgleich in ihm Männer, die viel später gelebt haben (wie z. B. ibn ʿEzra) erwähnt werden; dieser trug bei den Glanz Saʿadjas zu verdunkeln und ihn als einen phantastischen Qabbalisten darzustellen. Erst dem scharfsinnigen Kritiker S. L. Rapoport gelang es zu beweisen, dass dieser Commentar Saʿadjah nicht angehört. Schon der Brief des Jed. Bedarschi, in welchem es über Saʿadjah heisst: וממנו אצלנו פירוש בספר יצירה על דרך חכמה, weist darauf hin, da dieser Commentar durchaus nicht als solcher bezeichnet werden kann; durch das Auffinden des richtigen Sa'adjah-Commentars wurde diese Behauptung erhärtet und allgemein anerkannt. M. H. Landauer berichtet (OLB 1845 pag. 214), dass der unter Saʿadjas Namen gedruckte פירוש handschriftlich in München liegt, und er hat „zuverlässige Beweise“, dass er von einem Schüler des REBI ist. Nach einer Mitteilung Gugenheimers (OLB 1848 pag. 289 ff.) ist dieser Münchener Codex mit dem gedruckten nicht identisch. Das Auffallende ist, dass sich jetzt noch manche finden, welche glauben, dass dieser Commentar wirklich von Saʿadjah herrühre; Kalisch (Vorwort zu seiner Jeṣirah-Ausgabe pag. 7) schliesst aus diesem Commentar, dass Saʿadjah zwar ein trefflicher Theologe und guter Grammatiker war, aber kein Kenner der Naturwissenschaften.

Saʿadjah ben Joseph Alfajjumi (891—941). Sein arabischer Commentar über das Buch Jeṣirah תפסיר כתאב אלמבאדי galt, seitdem man von demselben Nachricht erhielt, als verloren (vgl. S. L. Rapoport, das Leben Saʿadjas Bikure haʿitim 1829 N. N. 16, 32); er wurde vor Kurzem aufgefunden und nebst französischer Uebersetzung herausgegeben von M. Lambert, unter dem Titel:

Commentaire sur le Séfer Yeṣirah, ou livre de la création par le Gaon Saadja de Fayyoum. Paris 1891. (Bibliothèque de l'École prat. d. Haut. Ét. Fasc. 85). Eine hebräische Uebersetzung dieses Commentars, angefertigt von Mošeh ben Joseph, befindet sich in der Staatsbibliothek zu München (cod. hebr. 92, 19); Auszüge aus demselben gaben A. Jellinek (OLB 1851 pag. 224), S. Munk, J. Derenbourg u. A. Die Herausgabe dieser hebräischen Uebersetzung ist von Derenbourg in Aussicht genommen.

Šabbataj ben Abraham Donnolo 913—970). Sein חכמוני oder תחכמוני betitelter Commentar über das Buch Jeṣirah scheint sehr verbreitet gewesen zu sein, er wird von den ihm folgenden sehr häufig citirt. Die Herausgabe desselben nebst einer ausführlichen Einleitung besorgte D. Castelli, unter dem Titel: Il commento di Sabbatai Donnolo sul libro della creazione. Pubblicato per la prima volta nel testo ebraico con note critiche e introduzione. Firenze 1880. (Pubbl. del r. ist. di studi sup. prat. e di perf. in Firenze.)

Šelomoh ben Šim'on Turiël (XVI. Jahrh.) Sein Commentar über das Buch Jeṣirah ist handschriftlich in der Bodlejana (cod. hebr. 2455. 1) erhalten.

Šemuël ben Sa'adjah ibn Môtôt (im XV. Jahrhundert). Er schrieb einen Commentar über das Buch Jeṣirah betitelt מ׳שובב נתיבות, der nicht näher bekannt ist; derselbe befindet sich handschriftlich in der Nationalbibliothek zu Paris (cod. hebr. No. No. 769, 1, 824, 9. 842, 2).

Anonyme Commentare über das Buch Jeṣirah, die nicht näher untersucht wurden, befinden sich u. A. in der Nationalbibliothek zu Paris (cod. hebr. No. No. 680, 6, 7, 8. 763, 2, 3, 4, 6, 8. 766, 3, 5, 6. 768. 770, 5. 774, 3. 799, 2. 843, 2. 1048, 3. 1092, 10) und in der Bodlejana (cod. hebr. 632, 2. 1557, 7, 9. 1594, 5, 6. 1623, 5. 1794, 10. 1947, 1. 2280, 3.)

c) Abhandlungen über das Buch Jeṣirah.

David Castelli (geb. 30. 12. 1836); in seiner Einleitung zum Donnolo-Commentar pag. 13—39. (Das Beste und Ausführlichste, was bisher geschrieben wurde.)

Abraham Epstein; ספר יצירה, über das System des Sepher Jeṣirah und sein Verhältnis zur babylonisch-chaldäischen Cosmogonie. Beiträge zur jüdischen Alterthumskunde (Wien 1887) pag. 40—49.

Adolf Franck (1809—1893); La Cabbale (Paris 1843) pag. 75—91.

Derselbe, deutsch von Jellinek (Leipzig 1844) pag. 53—65.

Heinrich Grätz (1817—1891); Das Buch Jezirah, in seinem Gnosticismus und Judentum (Krotoschin 1846) pag. 102—132.

Adolf Jellinek (1821—1894). Das Studium des Buches Jezirah, OLB 1891 pag. 421—426. Geschichte des Jezirah-Textes, OLB 1851 pag. 426—428.

Meyer Lambert (geb. 23. 12. 1863.); Einleitung in den Sa'adjah-Commentar pag. I—VI.

Josef Rosenthal, ספר יצירה Abhandlung über das System und den Inhalt des Buches Jeṣirah im Jahrbuche כנסת ישראל Bd. II, (Warschau 1888) Abteilung בית המדרש col. 29—48.

Hai ben Šerirah Gaon, שאלות ותשובות על ספר יצירה, handschriftlich erhalten im Vatican [cod. hebr.] No. 181.

Text und Übersetzung

Erster Abschnitt.

I (A 1, B 1, C 1, D 1.).

בִּשְׁלֹשִׁים וּשְׁתַּיִם [1] נְתִיבוֹת פְּלִיאוֹת חָכְמָה חָקַק יָהּ יְהֹוָה [1] צְבָאוֹת אֱלֹהֵי יִשְׂרָאֵל אֱלֹהִים חַיִּים וּמֶלֶךְ עוֹלָם [2] אֵל שַׁדַּי רַחוּם וְחַנּוּן [3] רָם וְנִשָּׂא שׁוֹכֵן עַד מָרוֹם [4] וְקָדוֹשׁ שְׁמוֹ מָרוֹם וְקָדוֹשׁ הוּא [5] בָּרָא [6] אֶת עוֹלָמוֹ בִּשְׁלֹשָׁה סְפָרִים בְּסֵפֶר וְסֹפֵר וְסִפּוּר.

In zweiunddreissig[1] verborgenen[2] Bahnen der Weisheit zeichnete Jah Jahve[3] Ṣebaoth, der Gott Jisraëls, der lebendige Gott *und König der Welt*, der allmächtige, *barmherzige und gnädige* Gott; hoch und erhaben ist er und ewig wohnend *in der Höhe* heilig ist sein Name,[4] *erhaben und heilig ist er;* er schuf seine Welt durch drei Zählprinzipien[5]: Zahl, Zähler und Gezähltes.

[1] D יוי. [2] AB. [3] AB. [4] AC. [5] B. [6] ABC וברא.

II (A 2, B 2, C 1, D 1.)

עֶשֶׂר סְפִירוֹת בְּלִימָה [1] וְעֶשְׂרִים וּשְׁתַּיִם אוֹתִיּוֹת יְסוֹד שָׁלֹשׁ אִמּוֹת וְשֶׁבַע כְּפוּלוֹת וּשְׁתֵּים עֶשְׂרֵה פְּשׁוּטוֹת [2]

Zehn Zahlen[6] ohne etwas[7] und zweiundzwanzig Grundbuchstaben[8]; *drei Mütter*[9], *sieben doppelte und drei einfache*[10].

[1] In manchen Texten getrennt. [2] ABD.

III (A 3, B 3, C 2, D 2.)

עֶשֶׂר סְפִירוֹת בְּלִימָה כְּמִסְפַּר [1] עֶשֶׂר אֶצְבָּעוֹת חָמֵשׁ כְּנֶגֶד חָמֵשׁ וּבְרִית יָחִיד מְכֻוֶּנֶת [2] בְּאֶמְצַע *בְּמִלַּת הַלָּשׁוֹן (בְּפֶה) [3] וּבְמִילַת הַמָּעוֹר [4].

Zehn Zahlen ohne etwas, entsprechend den zehn Fingern, fünf gegenüber fünf und des einzigen Bündnisszeichen in der Mitte: das Wort an der Zunge und die Beschneidung am Phallus[11].

[1] A מספר B במספר. [2] B מכוון. [3] C. [4] D במלה ולשון ופה, A כמילת הלשון וכמילת מעור.

IV (A 4, B 4, C 3, D II, 1.)

עֶשֶׂר סְפִירוֹת בְּלִימָה עֶשֶׂר וְלֹא תֵשַׁע עֶשֶׂר וְלֹא *אַחַת[1] עֶשְׂרֵה הָבֵן בְּחָכְמָה *וַחֲכַם[2] בְּבִינָה בְּחוֹן בָּהֶם וַחֲקוֹר מֵהֶם דַּע וַחֲשׁוֹב וְצוֹר[3] וְהַעֲמֵד דָּבָר עַל־בֵּירוּרוֹ[4] וְהוֹשֵׁב יוֹצֵר עַל־מְכוֹנוֹ כִּי הוּא יוֹצֵר וּבוֹרֵא לְבַדּוֹ וְאֵין זוּלָתוֹ וּמִדָּתוֹ עֶשֶׂר וְאֵין לָהֶם סוֹף[5].

Zehn Zahlen ohne etwas, zehn und nicht neun, zehn und nicht elf; verstehe mit Weisheit und erkenne mit Einsicht, prüfe durch sie und erforsche von ihnen, *wisse, rechne und zeichne*; stelle die Sache in ihre Klarheit[12] und setze den Bildner auf seine Stätte;[13] *denn er ist der einzige Schöpfer und Bildner, und nicht giebt es einen ausser ihm; seine Attribute sind zehn*[14] *und haben keine Gränze.*

[1] D עשתי. [2] C וחקור. [3] CD. [4] ABC בוריו. [5] C.

V (A 5, B 5, C 6, D 2.)

*עֶשֶׂר סְפִירוֹת בְּלִימָה [1] מִדָּתָן עֶשֶׂר שֶׁאֵין לָהֶן סוֹף עוֹמֶק רֵאשִׁית וְעוֹמֶק אַחֲרִית עוֹמֶק טוֹב וְעוֹמֶק רַע עוֹמֶק רוּם וְעוֹמֶק תַּחַת עוֹמֶק מִזְרָח וְעוֹמֶק מַעֲרָב עוֹמֶק צָפוֹן וְעוֹמֶק דָּרוֹם וְאָדוֹן יָחִיד אֵל מֶלֶךְ נֶאֱמָן מוֹשֵׁל בְּכֻלָּם מִמְּעוֹן קָדְשׁוֹ עַד *עֲדֵי[2] עַד.

Zehn Zahlen ohne etwas, ihr Maass ist zehn, sind aber Gränzlos; [es giebt] eine Dimension des Anfangs und Dimension des Endes, Dimension des Guten und Dimension des Bösen, Dimension der Höhe und Dimension der Tiefe, Dimension des Ostens und Dimension des Westens, Dimension des Nordens und Dimension des Südens; und ein einziger Herr, Gott der treue König[15] herrscht über sie alle, in seiner Heiligen-Wohnung bis in alle Ewigkeit.

[1] fehlt in D. [2] C עולמי.

VI A 6, B 6, C 7, D II, 1.)

עֶשֶׂר סְפִירוֹת בְּלִימָה צְפִיָּתָן כְּמַרְאֵה הַבָּזָק וְתַכְלִיתָן אֵין לָהֶן קֵץ וּדְבָרוֹ בָהֶן בְּרָצוֹא וָשׁוֹב וּלְמַאֲמָרוֹ כְּסוּפָה יִרְדֹּפוּ וְלִפְנֵי כִסְאוֹ *הֵם מִשְׁתַּחֲוִים[1].

Zehn Zahlen ohne etwas, ihr Aussehen wie die Erscheinung des Blitzes, ihr Ziel ist endlos, sein Wort ist in ihnen in Hin- und Herlaufen und auf sein Befehl eilen sie wie ein Sturmwind; und vor seinen Thron werfen sie sich nieder.[16]

[1] eigentl. הנה משתחוות.

VII (A 7, B 7, C 5, D III, 1.)

*עֶשֶׂר סְפִירוֹת בְּלִימָה [1] נָעוּץ סוֹפָן בִּתְחִלָּתָן וּתְחִלָּתָן בְּסוֹפָן כְּשַׁלְהֶבֶת קְשׁוּרָה בְּגַחֶלֶת דַּע וַחֲשׁוֹב וְצוֹר [2] שֶׁאָדוֹן יָחִיד וְהַיּוֹצֵר אֶחָד [3] וְאֵין שֵׁנִי לוֹ וְלִפְנֵי אֶחָד מָה אַתָּה סוֹפֵר.

Zehn Zahlen ohne etwas, ihr Ende ist in ihrem Anfang gesteckt[17] und ebenso ihr Anfang in ihrem Ende, wie die Flamme an die Kohle gebunden ist. *Wisse, rechne und zeichne,* einzig ist der Herr *und einzig ist der Bildner* und hat keinen zweiten; vor eins was zählst du?

[1] D מדתן עשר שאין להם סוף. [2] C. [3] C.

VIII (A 8, B 8, C 4, D III, 1.)

עֶשֶׂר סְפִירוֹת בְּלִימָה *בְּלוֹם פִּיךָ מִלְּדַבֵּר וְלִבְּךָ מִלְּהַרְהֵר [1] וְאִם רָץ פִּיךָ לְדַבֵּר [2] וְלִבְּךָ לְהַרְהֵר [3] שׁוּב לְמָקוֹם *שֶׁלְּכָךְ [4] נֶאֱמַר וְהַחַיּוֹת [5] רָצוֹא וָשׁוֹב וְעַל דָּבָר זֶה נִכְרְתָה בְּרִית.

Zehn Zahlen ohne etwas, verschliesse deinen Mund, dass er nicht rede und dein Herz, dass es nicht denke, und wenn dein *Mund zu sprechen und dein* Herz *zu denken* läuft, kehre wieder zur Stelle[18], denn deswegen heisst es: *und die Thiere sind* laufend hin und her, und um dieser Sache willen ist ein Bündniss geschlossen.

[1] C בלום לבך מלהרהר בלום פיך מלדבר. [2] B. [3] B. [4] D שכך. [5] ABC.

IX (A 9, B 9, C 9, D IV, 1.)

עֶשֶׂר סְפִירוֹת בְּלִימָה אַחַת רוּחַ אֱלֹהִים חַיִּים [1] נָכוֹן כִּסְאוֹ מֵאָז [2] בָּרוּךְ וּמְבוֹרָךְ [3] שְׁמוֹ *שֶׁל חַי הָעוֹלָמִים [4] תָּמִיד לְעוֹלָם וָעֶד [5] *קוֹל וְרוּחַ וְדִבּוּר [6] וְדִבּוּר [7] הוּא רוּחַ הַקֹּדֶשׁ לְרֵאשִׁיתוֹ אֵין תְּחִלָּה לְאַחֲרִיתוֹ אֵין תַּכְלִית.

Zehn Zahlen ohne etwas; eins, der Geist des lebendigen Gottes, *bereitet ist sein Thron seit jeher* gebenedeiet *und gepriesen* sei sein Name, *der da in alle Ewigkeiten lebt, ewig und immerdar; Stimme, Geist und Wort*[19], dies ist der Geist des Heiligen, *sein Anfang hat keinen Beginn und sein Ende hat keine Gränze.*

[1] D חי העולמים. [2] CD. [3] ABD. [4] fehlt in D. [5] CD. [6] fehlt in D. [7] C. [8] C.

X (A 10, B 10, C 11. D IV, 2.)

Zwei, Geist aus Geist, er zeichnete und hieb darin zweiundzwanzig Grundbuchstaben; [20] drei Mütter, sieben doppelte und zwölf einfache.

שְׁתַּיִם רוּחַ מֵרוּחַ חָקַק וְחָצַב בָּהּ *עֶשְׂרִים וּשְׁתַּיִם אוֹתִיּוֹת יְסוֹד שָׁלֹשׁ אִמּוֹת וְשֶׁבַע כְּפוּלוֹת וּשְׁתֵּים עֶשְׂרֵה פְּשׁוּטוֹת [1].

[1] CD בהם ארבע רוחות השמים מזרח ומערב צפון ודרום ורוח בכל אחת מהן.

XI (A 11, B 11, C 12, D IV, 6.)

Drei, Wasser aus Geist (Luft) er zeichnete und hieb darin *zweiundzwanzig Buchstaben aus* Wüste, Leere, Schlamm und Lehm; er zeichnete sie nach Art eines Beets, er bemeisselte sie nach Art einer Mauer, er bedeckte sie nach Art eines Baues *er goss über sie Schnee und es wurde daraus Erde, denn so heisst es: er sagte zum Schnee werde Erde.*

שָׁלֹשׁ מַיִם מֵרוּחַ חָקַק וְחָצַב בָּהֶם עֶשְׂרִים וּשְׁתַּיִם אוֹתִיּוֹת מִ[1]תֹּהוּ וָבֹהוּ רֶפֶשׁ וָטִיט *חֲקָקָן [2] כְּמִין עֲרוּגָה *חֲצָבָן [3] כְּמִין חוֹמָה *סְכָכָן [4] כְּמִין מַעֲזִיבָה וְיָצַק עֲלֵיהֶם שֶׁלֶג וְנַעֲשָׂה עָפָר שֶׁנֶּאֱמַר כִּי לַשֶּׁלֶג יֹאמַר הֱוֵא אֶרֶץ [5] (תהו זה קו ירוק המקיף את כל העולם בהו אלו אבנים מפולמות משוקעות בתחום ומבניהם המים יוצאים *שנאמר ונטה עליה קו תהו ואבני בהו [6])[7].

[1] B. [2] CD. [3] AC. [4] B סיבבם. [5] BCD. [6] fehlt in C. [7] CD.

XII (A 12, B 12, C 13, D IV, 7.)

Vier, Feuer aus Wasser, und er zeichnete und schnitt daraus den Thron, die Ophannim und Seraphim die heiligen Thiere und die Dienstengel. (Und von ihnen dreien gründete er seinen Wohnsitz, denn so heisst es: Er macht seine Engel aus Geister und seine Diener aus Feuerflammen) [21].

אַרְבַּע אֵשׁ מִמַּיִם חָקַק וְחָצַב בָּהּ כִּסֵּא הַכָּבוֹד *שְׂרָפִים וְאוֹפַנִּים וְחַיּוֹת הַקּוֹדֶשׁ וּמַלְאֲכֵי הַשָּׁרֵת (ומשלשתן יסד מעונו שנאמר [1] עושה מלאכיו רוחות משרתיו אש לוהט).

[1] D וכל צבא מרום שכן כתוב.

XIII (A 13, B 13, C 14, D IV, 8.)

Er wählte [22] drei Buchstaben von den einfachen (ein Geheimniss der drei

בֵּרֵר שָׁלֹשׁ אוֹתִיּוֹת מִן הַפְּשׁוּטוֹת (בְּסוֹד שָׁלֹשׁ אִמּוֹת אֹמֹשׁ) וּקְבָעָן בִּשְׁמוֹ הַגָּדוֹל וְחָתַם בָּהֶן שֵׁשׁ

קְצָוֹת [1] חָמֵשׁ חָתַם רוּם [2] וּפָנָה לְמַעְלָה וְחָתָמוֹ בְּיה״ו [3] שֵׁשׁ חָתַם תַּחַת וּפָנָה לְמַטָּה וַחֲתָמוֹ בְּיו״ה [4] שֶׁבַע חָתַם מִזְרָח וּפָנָה לְפָנָיו וַחֲתָמוֹ בְּהי״ו [5] שְׁמֹנֶה חָתַם מַעֲרָב וּפָנָה לְאַחֲרָיו וַחֲתָמוֹ בְּהו״י [6] תֵּשַׁע חָתַם דָּרוֹם וּפָנָה לִימִינוֹ וַחֲתָמוֹ בְּוי״ה [7] עֶשֶׂר חָתַם צָפוֹן וּפָנָה לִשְׂמֹאלוֹ וַחֲתָמוֹ בְּוה״י [8].

Mütter A MŠ) und setzte sie in seinen grossen Namen und versiegelte mit ihnen sechs Enden. Fünf, er versiegelte die Höhe, wandte sich aufwärts und versiegelte sie mit J. H. V. Sechs, er versiegelte die Tiefe wandte sich nach unten und versiegelte sie mit J. V. H. Sieben, er versiegelte den Osten, wandte sich nach vorn und versiegelte ihn mit H. J. V. Acht, er versiegelte den Westen, wandte sich nach hinten und versiegelte ihn mit H. V. J. Neun, er versiegelte den Süden, wandte sich nach rechts und versiegelte ihn mit V. J. H. Zehn, er versiegelte den Norden, wandte sich links und versiegelte ihn mit V. H. J.[23].

¹ B. ² A חמש שלש אותיות מן הפשוטות חתם רום בירר שלש וקבען בשמו הגדול יה״ו וחתם בהם שש קצות; B חמש חתם רום ברר שלש אותיות מן הפשוטות וקבען בשמו הגדול יה״ו וחתם בהם שש קצות. ³ C בהי״ו. ⁴ B הי״ו, C יו״ה. ⁵ BC וי״ה, D הו״י. ⁶ BC והי״י, D הי״ו. ⁷ BC יו״ה. ⁸ BC הו״י.

XIV (A 14, B 14, C 10, D IV, 8.)

אֵלּוּ עֶשֶׂר סְפִירוֹת בְּלִימָה אַחַת רוּחַ אֱלֹהִים חַיִּים שְׁתַּיִם [1] רוּחַ מֵרוּחַ שָׁלֹשׁ [2] מַיִם מֵרוּחַ אַרְבַּע [3] אֵשׁ מִמַּיִם רוּם (מעלה) [4] וְתַחַת מִזְרָח וּמַעֲרָב צָפוֹן וְדָרוֹם.

¹ CD. ² CD. ³ CD. ⁴ A.

Diese sind die zehn[24] Zahlen ohne etwas: eins, der Geist des lebendigen Gottes; *zwei*, Geist aus Geist, *drei*, Wasser aus Luft; *vier*, Feuer aus Wasser. Höhe, *(oben)* Tiefe, Osten, Westen, Norden und Süden.

Zweiter Abschnitt.

I (A 1, B 1, C 1, D II, 2 III, 2.)

Zweiundzwanzig Grundbuchstaben: drei Mütter, sieben doppelte und zwölf einfache. *Drei Mütter AMŠ, ihr Grund: die Wagschale der Seligkeit* [25] *und die Wagschale der Schuld, und die Zunge ist eine schwankende Satzung*[26] *zwischen beiden*[27], *(Drei Mütter A M Š, M ist schweigend, Š zischend und A schwankend zwischen beiden.*

עֶשְׂרִים וּשְׁתַּיִם אוֹתִיּוֹת יְסוֹד
שָׁלֹשׁ אִמּוֹת וְשֶׁבַע כְּפוּלוֹת וּשְׁתֵּים
עֶשְׂרֵה פְּשׁוּטוֹת שָׁלֹשׁ אִמּוֹת אֹמֹשׁ יְסוֹדָן
כַּף זְכוּת וְכַף חוֹבָה וְלָשׁוֹן חֹק מַכְרִיעַ בֵּינָתַיִם [1]
(שָׁלֹשׁ אִמּוֹת אֹמֹשׁ מֹ דוֹמֶמֶת שׁ שׁוֹרֶקֶת אֹ
אֲוִיר מַכְרִיעַ בֵּינָתַיִם). [2]

[1] AB. [2] B.

II (A 2, B 2, C 3, D IV, 4.)

Zweiundzwanzig Buchstaben; er zeichnete sie, er hieb sie, er läuterte[28] sie, er wog sie und er wechselte sie *einen jeden mit allen;* er bildete durch sie die ganze Schöpfung und alles was geschaffen werden sollte.

עֶשְׂרִים וּשְׁתַּיִם אוֹתִיּוֹת חֲקָקָן
חֲצָבָן צְרָפָן שְׁקָלָן וֶהֱמִירָן אַחַת עִם כֻּלָּן
[1] וְצָר בָּהֶן אֶת [2] כָּל־הַיְצוּר וְאֶת [3]
כָּל־הֶעָתִיד לָצוּר.

[1] C. [2] B, AC נפש. [3] B, AC ונפש.

III (A 3, B 3, C 1, D IV, 3.)

Zweiundzwanzig Grundbuchstaben; *(drei Mütter, sieben doppelte und zwölf einfache)* sie sind gezeichnet in der Stimme, gehauen im Geiste und geheftet im Munde, an fünf Orten. *Die Buchstaben* A H Ḥ ʿA *am Halse*, G J K Q am Gaumen, D Ṭ L N T *an der Zunge*, Z S Ṣ R Š *an den Zähnen*, B V M P *an den Lippen.*

*עֶשְׂרִים וּשְׁתַּיִם אוֹתִיּוֹת יְסוֹד [1]
(שָׁלֹשׁ אִמּוֹת שֶׁבַע כְּפוּלוֹת שְׁתֵּים עֶשְׂרֵה פְּשׁוּטוֹת)
[2] חֲקוּקוֹת [3] בְּקוֹל חֲצוּבוֹת [4] בְּרוּחַ
קְבוּעוֹת [5] בַּפֶּה בַּחֲמִשָּׁה מְקוֹמוֹת
אוֹתִיּוֹת [6] אֹהֹחֹעֹ בְּגָרוֹן [7] גֹיֹכֹקֹ בְּחֵיךְ [8]
דֹטֹלֹנֹתֹ בְּלָשׁוֹן [9] זֹסֹצֹרֹשֹׁ בְּשִׁנַּיִם [10] בֹומֹףֹ
בִּשְׂפָתַיִם [11] (קשורות [29] בלשון כשלהבת קשורה
בגחלת אהחע *משמשות [12] בסוף הלשון ובבית
הבליעה בומף בין השפתים ובראש הלשון
גיכק על שלישיתה של לשון נכרתת דטלנת
*בראש הלשון משמשות [13] עם הקול זסצרש
בין השנים ובלשון שכובה ושטוחה). [14]

[1] C וכלן. [2] D. [3] B חקקן. [4] B חצבן. [5] B קבען. [6] C. [7] B. [8] B. [9] B. [10] B. [11] B. [12] D משתמשות. [13] D על חצי הלשון משתמשות. [14] CD.

IV (A 4, B 4, C 2, D II, 5)

עֶשְׂרִים וּשְׁתַּיִם אוֹתִיּוֹת *יְסוֹד [1]
קְבוּעוֹת בְּגַלְגַּל כְּמִין חוֹמָה [2] *בִּשְׁתֵּי
מֵאוֹת וּשְׁלֹשִׁים וְאֶחָד שְׁעָרִים [3] וְחוֹזֵר
הַגַּלְגַּל פָּנִים וְאָחוֹר (וְהֶחוּא) [4] סִמָּן לַדָּבָר
(אִם) [5] אֵין בְּטוֹבָה לְמַעְלָה מֵעֹנֶג וְ(אִם)
[6] אֵין בְּרָעָה *לְמַעְלָה [7] מִנֶּגַע.

Zweiundzwanzig Grundbuchstaben; sie sind *in der Art einer Mauer* im Kreis geheftet, an zweihunderteinunddreissig Pforten[30]; es dreht sich der Kreis vorwärts und rückwärts und dessen Zeichen ist *dies*: nichts giebt es im Guten über ʿONG und nichts giebt es im Bösen üben NGAʿ[31].

[1] fehlt in D. [2] B. [3] fehlt in D. [4] A. [5] C. [6] C. ABC למטה.

V (A 5, B 5, C 4, D IV, 4.)

(כֵּיצַד) צְרָפָן [1] שְׁקָלָן וְהֵמִירָן א
עִם כֻּלָּן וְכֻלָּן עִם א ב עִם כֻּלָּן
וְכֻלָּן עִם ב (ג עִם כֻּלָּן וְכֻלָּן עִם ג) [2] וְכֻלָּן [3]
חוֹזְרוֹת חֲלִילָה וְנִמְצָאוֹת [יוֹצְאוֹת] [4] בְּמָאתַיִם
וּשְׁלֹשִׁים וְאֶחָד שְׁעָרִים [5] נִמְצָא כָּל־הַיְצוּר
וְכָל־הַדִּבּוּר יוֹצֵא *מִשֵּׁם [6] אֶחָד.

[32]Wie verband wog und versetzte er sie? A mit allen, und alle mit A; B mit allen, und alle mit B; *G mit allen und alle mit G*; und *sie alle* wenden sich rückwärts.[33] *So ergiebt es sich, dass sie durch zweihunderteinunddreissig Pforten, hinausgehen*, und so findet es sich, dass die ganze Schöpfung, und die ganze Sprache aus einem Namen[34] hervorgeht.

[1] fehlt in A. [2] D. [3] CD. [4] CD. [5] BCD. [6] AD בשם.

VI (A 6, B 6, C 5, D IV, 5.)

יָצַר מִתֹּהוּ מַמָּשׁ וְעָשָׂה *אֶת [1]
אֵינוֹ יֶשְׁנוֹ *וְחָצַב עַמּוּדִים גְּדוֹלִים [2]
מֵאֲוִיר שֶׁאֵינוֹ נִתְפָּשׂ וְזֶה סִימָן [א עִם
כֻּלָּן וְכֻלָּן עִם א] [3] צוֹפֶה וּמֵימַר *וְעָשָׂה [4] [אֶת] [5]
כָּל הַיְצוּר וְאֶת כָּל *הַדְּבָרִים [6] שֵׁם אֶחָד וְסִימָן
לַדָּבָר עֶשְׂרִים וּשְׁנַיִם חֲפָצִים בְּגוּף אֶחָד [7].

Er schuf aus Leere Etwas[35] und machte das Nichtsein zu einem Seienden[36]; und er hieb grosse Säulen aus unabfassbarer Luft.[37]. *Dies ist das Zeichen: er schaute, redete*[38] *und machte die ganze Schöpfung und alle Dinge [durch] einen Namen; dessen Zeichen ist zweiundzwanzig Gegenstände in einem Körper.*

[1] fehlt in A. [2] C אבנים גדולות. [3] B. [4] A עושה. [5] B. [6] B הדבור. [7] A B.

Dritter Abschnitt.

I A 1, B 1, C 1, D I, 3).

Drei Mütter AMŠ, ihr Grund ist: eine Wagschale der Seligkeit und eine Wagschale der Schuld, und die Zunge ist eine schwankende Satzung zwischen ihnen.

שָׁלֹשׁ אִמּוֹת אֹמֹשׁ יְסוֹדָן כַּף זְכוּת וְכַף חוֹבָה וְלָשׁוֹן חֹק מַכְרִיעַ בֵּינָתַיִם.

II (A 2, B 2, C 2, D II, 2).

Drei Mütter A M Š, dies ist ein grosses, verborgenes und verhülltes *(und prächtiges)* Geheimniss, versiegelt mit sechs Siegelringen[39] und aus diesen kamen Luft, Wasser und Feuer[40] hervor. Von ihnen wurden Väter geboren und von den Vätern Generationen *(wisse, rechne und zeichne, dass Feuer das Wasser trägt.*

שָׁלֹשׁ אִמּוֹת אֹמֹשׁ סוֹד גָּדוֹל מוּפְלָא וּמְכוּסָּה (וּמְפוּאָר)[1] *וְחָתוּם בְּשֵׁשׁ טַבָּעוֹת[2] *וְיָצְאוּ מֵהֶם אֲוִיר מַיִם וָאֵשׁ וּמֵהֶם נוֹלְדוּ אָבוֹת וּמֵאָבוֹת תּוֹלָדוֹת[3] (דַּע וַחֲשׁוֹב וְצוֹר שֶׁהָאֵשׁ נוֹשֵׂא מַיִם)[4].

[1] D. [2] fehlt in D. [3] A יצאו מהם אש ומים מתחלקים זכר ונקבה, C וממנו יוצאים אש ומים מתחלקים זכר ונקבה, D שממנו יוצאין אש רוח ומים שמהן נברא הכל מים ורוח ומתחלקים זכר ונקבה. [4] C.

III (A 5, B 3, C 7).

Drei Mütter A M Š; er zeichnete, hieb, läuterte, [wog und versetzte] sie, und er schuf durch sie drei Mütter auf der Welt, drei Mütter im Jahre und drei Mütter im Körper, männlich und weiblich[41].

שָׁלֹשׁ אִמּוֹת אֹמֹשׁ חֲקָקָן חֲצָבָן צְרָפָן [שְׁקָלָן וַהֲמִירָן][1] וְצָר בָּהֶן שָׁלֹשׁ אִמּוֹת [אֹמֹשׁ][2] בָּעוֹלָם וְשָׁלֹשׁ אִמּוֹת [אֹמֹשׁ][3] בְּשָׁנָה וְשָׁלֹשׁ אִמּוֹת [אֹמֹשׁ][4] בְּנֶפֶשׁ זָכָר וּנְקֵבָה.

[1] B. [2] B C. [3] B C. [4] B C.

IV (C 3, D 2.)

Drei Mütter A M Š; [Feuer, Luft und Wasser,] die Erzeugung des Himmels ist das Feuer, die Erzeugung der

שָׁלֹשׁ אִמּוֹת אֹמֹשׁ [אֵשׁ רוּחַ וּמַיִם][1] תּוֹלְדוֹת הַשָּׁמַיִם אֵשׁ וְתוֹלְדוֹת אֲוִיר רוּחַ וְתוֹלְדוֹת אֶרֶץ מַיִם אֵשׁ לְמַעְלָה וּמַיִם לְמַטָּה וְרוּחַ חֹק מַכְרִיעַ

בֵּינָתַיִם (וּמֵהֶם נוֹלְדוּ אָבוֹת וּמֵהֶם נִבְרָא הַכֹּל).[2]

Luft ist der Wind und die Erzeugung der Erde ist das Wasser; das Feuer oben, das Wasser unten und die Luft ist eine schwankende Satzung zwischen beiden[42]; (*aus ihnen entstanden Väter und aus ihnen wurde alles geschaffen.*[43])

[1] D. [2] C.

V (A 3, B 4, C 4).

שָׁלֹשׁ אִמּוֹת אֹמֹשׁ בָּעוֹלָם *אֲוִיר [1] מַיִם וְאֵשׁ שָׁמַיִם נִבְרְאוּ תְּחִלָּה מֵאֵשׁ וְאֶרֶץ נִבְרָאת מִמַּיִם וַאֲוִיר *מֵרוּחַ [2] מַכְרִיעַ *בֵּינָתַיִם [3].

Drei Mütter A M Š auf der Welt: Luft, Wasser und Feuer; der Himmel wurde zu Beginn aus Feuer geschaffen, die Erde aus Wasser und die Luft aus dem Wind, die da schwankt zwischen beiden.

[1] C רוח. [2] fehlt in A. [3] A בין האש ובין המים.

VI (A 4, B 5, C 5).

שָׁלֹשׁ אִמּוֹת אֹמֹשׁ בַּשָּׁנָה *קוֹר חוֹם וּרְוָיָה [1] חוֹם נִבְרָא מֵאֵשׁ קוֹר *נִבְרָא [2] מִמַּיִם וּרְוָיָה מֵרוּחַ מַכְרִיעַ בֵּינָתַיִם.

Drei Mütter A M Š im Jahre: Kälte, Wärme, und das Gemässigte[44]; *die Wärme wurde aus dem Feuer geschaffen, Kälte aus dem Wasser und das Gemässigte aus dem Wind, das da schwankt zwischen beiden.*

A אש מים ורוח. [2] fehlt in A.

VII (A 4, B 6, C 6).

שָׁלֹשׁ אִמּוֹת אֹמֹשׁ בְּנֶפֶשׁ (זָכָר וּנְקֵבָה) [1] *רֹאשׁ וּבֶטֶן וּגְוִיָּה [2] רֹאשׁ נִבְרָא מֵאֵשׁ וּבֶטֶן נִבְרָאת מִמַּיִם וּגְוִיָּה נִבְרָא מֵרוּחַ מַכְרִיעַ בֵּינָתַיִם.

Drei Mütter im Körper[45]: *Kopf, Bauch, und Leib; der Kopf wurde aus dem Feuer geschaffen, der Bauch aus dem Wasser und der Leib aus der Luft, der da zwischen beiden schwankt.*

[1] B. [2] B אש ומים ורוח.

VIII (A 6, B 7, C 8 D V, 1)

הִמְלִיךְ אוֹת א בְּרוּחַ וְקָשַׁר לוֹ

Er liess herrschen den Buchstaben

כֶּתֶר וּצְרָפָן זֶה בָּזֶה *וְצָר[1] בָּהֶן אֲוִיר בָּעוֹלָם רְוָיָה בַּשָּׁנָה וּגְוִיָּה בַּנֶּפֶשׁ (זָכָר בְּאמשׁ[2] וּנְקֵבָה בְּאשׁם[3]).

Alef im Wind, band im eine Krone[46] um und verschmelzte[47] sie mit einander; er schuf durch[48] sie die Luft auf der Welt, das Gemässigte im Jahr[49] und den Leib im Körper (männlich *durch* *A M Š*, und weiblich *durch* *A Š M*.)

[1] A וחתם. [2] ABD. [3] ABD.

IX (A 7, B 8, C 8, D V, 1).

הִמְלִיךְ אוֹת מ בְּמַיִם וְקָשַׁר לוֹ כֶּתֶר וּצְרָפָן זֶה בָּזֶה *וְצָר[1] בָּהֶן אֶרֶץ בָּעוֹלָם וְקוֹר בַּשָּׁנָה וּבֶטֶן בַּנֶּפֶשׁ (זָכָר בְּמאשׁ[2] וּנְקֵבָה בְּמשׁא[3]).

Er lies herrschen den Buchstaben Mem im Wasser, band ihm eine Krone um und verschmelzte sie mit einander; er schuf durch sie die Erde auf der Welt, die Kälte im Jahre und den Bauch im Körper, (männlich *durch* *M A Š* und weiblich *durch* *M Š A*.)

[1] A וחתם. [2] AB. [3] AB.

X (A 8, B 9, C 8, D V, 1).

הִמְלִיךְ אוֹת ש בְּאֵשׁ וְקָשַׁר לוֹ כֶּתֶר וּצְרָפָן זֶה בָּזֶה *וְצָר[1] בָּהֶן שָׁמַיִם בָּעוֹלָם וְחוֹם בַּשָּׁנָה וְרֹאשׁ בַּנֶּפֶשׁ (זָכָר בְּשׁאם[2] וּנְקֵבָה בְּשׁמא[3]).

Er liess herrschen den Buchstaben Šin im Feuer, band im eine Krone um, und verschmelzte sie mit einander; er schuf durch sie den Himmel auf der Welt, die Wärme im Jahre und den Kopf im Körper (männlich *durch* *Š A M* und weiblich *durch* *Š M A*).

[1] A וחתם. [2] AB. [3] AB.

XI (C 9, D V, 1).

(כיצד צרפן אמש אשם מאש משא שאם שמא שמים אש אויר רוח ארץ מים ראשו של אדם אש בטנו מים לבו רוח[50]).

XII (C 10, D VIII).

(שלש אמות אמש נוצר עם א (אלו) רוח אויר רויה גויה (חק לשון בנתים)[1] נוצר עם מ (אלו) שמים ארץ קור בטן כף *זכות[2] נוצר עם ש אש שמים חום ראש כף *חובה[3] זהו אמש).

[1] C. [2] D חובה. [3] D זכות.

Vierter Abschnitt.

I (A 1, B 2, C 1, D I, 3).

שֶׁבַע כְּפוּלוֹת בּגדכּפּרת יְסוֹדָן חַיִּים שָׁלוֹם חָכְמָה עוֹשֶׁר חֵן זֶרַע וּמֶמְשָׁלָה.

Sieben[51] Doppelte: BGDKPRT[52] ihr Grund ist: Leben, Friede, Weisheit, Reichtum, Gnade, Same und Herrschaft.

II (A 1, B 1, C 1, D II, 2. III, 3).

שֶׁבַעכְּפוּלוֹתבּגדכּפּרת *מִתְנַהֲגוֹת[1] בִּשְׁתֵּי לְשׁוֹנוֹת (שהן כפול של תמורות)[2]
בּ ב גּ ג דּ ד כּ כ פּ פ רּ ר תּ ת
תַּבְנִית רַךְ וְקָשֶׁה גִּבּוֹר וְחָלָשׁ.

[1] D משתמשות. [2] C.

Sieben Doppelte: BGDKPRT; sie erscheinen[53] in zwei Arten: B Bh G Gh, D Dh, K Kh, P Ph, R Rh, T Th; nach Gestalt des Weichen und Harten[54], des Starken und Schwachen.

III (A 1, B 3, C 1, D II, 2. III, 3).

שֶׁבַע כְּפוּלוֹת בּגדכּפּרת *בְּדִבּוּר וּבִתְמוּרָה[1] תְּמוּרַת חַיִּים מָוֶת תְּמוּרַת שָׁלוֹם *רַע[2] תְּמוּרַת חָכְמָה אִוֶּלֶת תְּמוּרַת עוֹשֶׁר עוֹנִי תְּמוּרַת חֵן כִּיעוּר תְּמוּרַת זֶרַע שְׁמָמָה תְּמוּרַת מֶמְשָׁלָה עַבְדוּת.

Sieben Doppelte: BGDKPRT, je nach Aussprache und Vertauschung; der Gegensatz des Lebens ist der Tod, der Gegensatz des Friedens ist das Unheil[55], der Gegensatz der Weisheit ist die Thorheit, der Gegensatz des Reichtums ist die Armut, der Gegensatz der Anmut ist die Hässlichkeit[56], der Gegensatz des Samens ist die Verwüstung, der Gegensatz der Herrschaft ist die Knechtschaft[57].

[1] ACD כפולות שהן תמורות. [2] E מלחמה.

IV (A 3, B 4, C 2).

Sieben Doppelte: BGDKPRT (*entsprechend den sieben Enden nach diesen sechs Enden:)* Oben, Unten, Osten, Westen, Norden und Süden, und der Palast[58] des Heiligtums in der Mitte; er trägt sie alle[59].

שֶׁבַע כְּפוּלוֹת בגדכפרת (כְּנֶגֶד שֶׁבַע קְצָווֹת מֵהֶם שֵׁשׁ קְצָווֹת) [1] מַעְלָה וּמַטָּה מִזְרָח וּמַעֲרָב צָפוֹן וְדָרוֹם (מכון שש צלעות וששה סדרים) [2] וְהֵיכַל הַקֹּדֶשׁ מְכֻוָּן בְּאֶמְצַע (ברוך כבוד יהוה ממקומו הוא מקומו של עולם ואין העולם מקומו) [3] והוא נוֹשֵׂא אֶת כֻּלָּן.

[1] A. [2] CD. [3] CD.

V (A 2, B 5, C 2).

Sieben Doppelte BGDKPRT; sieben und nicht sechs, sieben und nicht acht; *prüfe und forsche durch sie und stelle die Sache auf ihre Klarheit, und setze den Schöpfer auf seine Stätte.*

שֶׁבַע כְּפוּלוֹת בגדכפרת שֶׁבַע וְלֹא שֵׁשׁ שֶׁבַע וְלֹא שְׁמֹנֶה בְּחוֹן בָּהֶן וַחֲקוֹר בָּהֶן וְהַעֲמֵד דָּבָר עַל בּוֹרְיוֹ וְהוֹשֵׁב יוֹצֵר עַל־מְכוֹנוֹ. [1]

[1] AB.

§§ IV und V fehlen in D, statt deren heisst es שבע כפולות בגדכפרת שבע ולא שש שבע ולא שמנה שש צלעות לששה סדרים והיכל הקודש מכון באמצע ברוך יוי ממקומו הוא מקומו של עולם ואין העולם מקומו.

VI (A 4, B 6, C 3).

Sieben Doppelte BDGKPRT; er zeichnete, hieb, läuterte, *wog und vertauschte* sie; er schuf durch sie *sieben* Sterne[60] in der Welt, *sieben* Tage im Jahr und *sieben* Pforten[61] im Körper[62] (*und durch sie zeichnete er sieben Him-*

שֶׁבַע כְּפוּלוֹת בגדכפרת (יסוד) [1] חֲקָקָן חֲצָבָן צְרָפָן שְׁקָלָן וֶהֱמִירָן [2] וְצָר בָּהֶן שִׁבְעָה [3] כֹּכָבִים בָּעוֹלָם שִׁבְעָה [4] יָמִים בַּשָּׁנָה שִׁבְעָה [5] שְׁעָרִים בַּנֶּפֶשׁ

*(וּמֵהֶן חָקַק שִׁבְעָה רְקִיעִים וְשֶׁבַע אֲדָמוֹת וְשֶׁבַע
שַׁבָּתוֹת לְפִיכָךְ חָבַב שְׁבִיעִי תַּחַת כָּל הַשָּׁמַיִם.)[6]

mel[63] sieben Erden[64], und sieben Wochen.[65] Deshalb liebte er die Siebenzahl unter dem ganzen Himmel).

[1] BC. [2] BC. [3] BC. [4] BC. [5] BC. [6] A.; C שבעה שבעה, B זכר ונקבה.

VII (A 12, B 7, C 12).

אֵלּוּ הֵם[1] שִׁבְעָה כּוֹכָבִים בָּעוֹלָם
שַׁבְּתַאי צֶדֶק מַאְדִּים חַמָּה נוֹגַהּ
כּוֹכָב לְבָנָה וְאֵלּוּ הֵם[2] שִׁבְעָה יָמִים
בַּשָּׁנָה שִׁבְעַת יְמֵי *הַשָּׁבוּעַ[3] שִׁבְעָה
שְׁעָרִים בַּנֶּפֶשׁ (זָכָר וּנְקֵבָה)[4] שְׁתֵּי עֵינַיִם
שְׁתֵּי אָזְנַיִם שְׁנֵי נִקְבֵי הָאַף וְהַפֶּה.

Diese sind die sieben Sterne in der Welt: Saturn, Jupiter, Mars, Sonne, Venus, Merkur, Mond; *diese sind die* sieben Tage im Jahr: die sieben Tage der Woche; sieben Pforten im Körper: zwei Augen, zwei Ohren, zwei Nasenlöcher und der Mund.

[1] A. [2] A. [3] A בראשית. [4] BC.

VIII (A 5, B 8, C 5, D V, 1).

הִמְלִיךְ אוֹת בּ *בְּחָכְמָה[1] וְקָשַׁר לוֹ
כֶּתֶר *וּצְרָפָן זֶה בָּזֶה[2] וְצָר בָּהֶן
*שַׁבְּתַאי[3] בָּעוֹלָם *וְיוֹם רִאשׁוֹן[4] בַּשָּׁנָה
*וְעַיִן יָמִין[5] בַּנֶּפֶשׁ (זָכָר וּנְקֵבָה)[6].

Er liess herrschen den Buchstaben Beth in der Weisheit, band ihm eine Krone um und verschmelzte sie mit einander; er schuf durch sie: den Saturn in der Welt, den Sonntag im Jahr und das rechte Auge im Körper *(männlich und weiblich)*.

[1] fehlt in D. [2] fehlt in A. [3] B לבנה. [4] CD ושבת. [5] CD ופה. [6] BC.

IX (A 6, B 9, C 6, D V, 1).

הִמְלִיךְ אוֹת גּ *בְּעוֹשֶׁר[1] וְקָשַׁר לוֹ
כֶּתֶר *וּצְרָפָן זֶה בָּזֶה[2] וְצָר בָּהֶן
*צֶדֶק[3] בָּעוֹלָם *וְיוֹם שֵׁנִי[4] בַּשָּׁנָה *וְעַיִן
שְׂמֹאל[5] בַּנֶּפֶשׁ (זָכָר וּנְקֵבָה)[6].

Er liess herrschen den Buchstaben Gimel im Reichtum, band ihm eine Krone um und verschmelzte sie miteinander; er schuf durch sie: den Jupiter in der Welt, den Montag im Jahr und das linke Auge im Körper *(männlich und weiblich)*.

[1] fehlt in AD. [2] fehlt in A. [3] B מאדים. [4] CD אחד בשבת. [5] B אזן ימן, CD עין ימין. [6] BC.

X (A 7, B 10, C 7, D V, 1).

Er liess herrschen den Buchstaben Daleth im Samen, band ihm eine Krone um und verschmelzte sie miteinander; er schuf durch sie: den Mars in der Welt, den Dienstag im Jahr und das rechte Ohr im Körper *(männlich und weiblich)*.

הִמְלִיךְ אוֹת דּ *בְּזֶרַע [1] וְקָשַׁר לוֹ
כֶּתֶר *וּצְרָפָן זֶה בָּזֶה [2] וְצָר בָּהֶן
*מַאְדִּים [3] בָּעוֹלָם *וְיוֹם שְׁלִישִׁי [4] בַּשָּׁנָה
*וְאֹזֶן יָמִין [5] בַּנֶּפֶשׁ (זָכָר וּנְקֵבָה) [6].

[1] fehlt in AD. [2] fehlt in A. [3] B חמה. [4] CD ושני בשבת. [5] B נחיר ימין, CD עין שמאל. [6] BC.

XI (A 8, B 11, C 8, D V, 1).

Er liess herrschen den Buchstaben Kaf im Leben, band ihm eine Krone um und verschmelzte sie miteinander; er schuf durch sie: die Sonne in der Welt, den Mittwoch im Jahr und das linke Nasenloch im Körper *(männlich und weiblich*.

הִמְלִיךְ אוֹת כּ *בְּחַיִּים [1] וְקָשַׁר לוֹ
כֶּתֶר *וּצְרָפָן זֶה בָּזֶה [2] וְצָר בָּהֶן *חַמָּה
[3] בָּעוֹלָם *וְיוֹם רְבִיעִי [4] בַּשָּׁנָה *וְאֹזֶן
שְׂמֹאל [5] בַּנֶּפֶשׁ (זָכָר וּנְקֵבָה) [6].

[1] fehlt in AD. [2] fehlt in A. [3] B נוגה. [4] CD שלישי בשבת. [5] B ועין שמאל, CD ואף ימין. [6] BC.

XII (A 9, B 12, C 9, D V, 1).

Er liess herrschen den Buchstaben Pe in der Herrschaft, band ihm eine Krone um und verschmelzte sie miteinander; er schuf durch sie: die Venus in der Welt, den Donnerstag im Jahr und das rechte Nasenloch im Körper *(männlich und weiblich)*.

הִמְלִיךְ אוֹת פּ *בְּמֶמְשָׁלָה [1] וְקָשַׁר
לוֹ כֶּתֶר *וּצְרָפָן זֶה בָּזֶה [2] וְצָר בָּהֶן
*נוֹגַהּ [3] בָּעוֹלָם *וְיוֹם חֲמִישִׁי [4] בַּשָּׁנָה
*וּנְחִיר יָמִין [5] בַּנֶּפֶשׁ (זָכָר וּנְקֵבָה) [6]

[1] fehlt in AD. [2] fehlt in A. [3] B כוכב. [4] CD רביעי בשבת. [5] CD ואף שמאל. [6] BC.

XIII (A 10, B 13, C 10, D V, 1).

Er liess herrschen den Buchstaben Reš im Frieden, band im eine Krone um und verschmelzte sie miteinander;

הִמְלִיךְ אֵת רׁ *בְּשָׁלוֹם [1] וְקָשַׁר לוֹ
כֶּתֶר *וּצְרָפָן זֶה בָּזֶה [2] וְצָר בָּהֶן

*כּוֹכָב [3] בָּעוֹלָם *וְיוֹם שִׁשִּׁי [4] בַּשָּׁנָה *וְנָחִיר שְׂמֹאל [5] בַּנֶּפֶשׁ (זָכָר וּנְקֵבָה) [6].

er schuf durch sie: den Merkur in der Welt, den Freitag im Jahr und das linke Nasenloch im Körper (*männlich und weiblich*).

[1] fehlt in AD. [2] fehlt in A. [3] B שבתאי. [4] CD וחמשי בשבת. [5] CD אזן ימין. [6] BC.

XIV (A 11, B 14, C 11, D V, 1).

הִמְלִיךְ אוֹת ת *בְּחֵן [1] וְקָשַׁר לוֹ כֶּתֶר *וּצְרָפָן זֶה בָּזֶה [2] וְצָר בָּהֶן *לְבָנָה [3] בָּעוֹלָם *וְיוֹם שַׁבָּת [4] בַּשָּׁנָה *וּפֶה [5] בַּנֶּפֶשׁ זָכָר וּנְקֵבָה [6].

Er liess herrschen den Buchstaben Tav in der Anmuth, band ihm eine Krone um und verschmelzte sie miteinander; er schuf durch sie: den Mond in der Welt, den Sonnabend im Jahr und den Mund im Körper (*männlich und weiblich*).

[1] fehlt in AD. [2] fehlt in A. [3] B צדק. [4] CD וששי בשבת. [5] CD ואזן שמאל. [6] BC.

XV (B 15, C 11).

*שֶׁבַע כְּפוּלוֹת בגדכפרת שֶׁבָּהֶן נֶחֱקְקִין שִׁבְעָה עוֹלָמוֹת [1] שִׁבְעָה רְקִיעִים שֶׁבַע אֲרָצוֹת שִׁבְעָה יַמִּים שִׁבְעָה נְהָרוֹת שִׁבְעָה מִדְבָּרוֹת שִׁבְעָה יָמִים שִׁבְעָה שָׁבוּעוֹת שֶׁבַע שָׁנִים שֶׁבַע שְׁמִיטּוֹת שִׁבְעָה יוֹבְלוֹת וְהֵיכַל הַקֹּדֶשׁ לְפִיכָךְ *חִבֵּב אֶת הַשְּׁבִיעִיּוֹת תַּחַת כָּל הַשָּׁמַיִם [2].

Sieben Doppelte: BGDKPRT; durch sie wurden gezeichnet: sieben Welten, sieben Himmel, sieben Länder, sieben Seen, sieben Ströme, sieben Westen, sieben Tage, sieben Wochen, sieben Jahre, Erlassjahre, sieben Jubiläen und den heiligen Palast; deswegen liebte er die Siebenzahl unter dem ganzen Himmel.

[1] fehlt in C, statt dessen חצב. [2] C חצב שביעי לכל חפץ תחת השמים; in A fehlt dieser §, statt dessen am Schlusse des § 12: ובהן נחקקו שבעה רקיעים ושבע ארצות ושבע שעות לפיכך חבב שביעי לכל חפץ תחת השמים. D hat statt dessen: שבע כפולות בגדכפרת חקקן חצבן צרפן שקלן והמירן וצר בהן ככבים ימים ושערים.

XVI (C 13).

(שבעה רקיעים וילון רקיע שחקים זבול מעון מכון ערבות שבעה ארצות ארמה תבל שיה ציה חלד ארץ גיא והעמידם אחד אחד לבדו עולם לבדו נפש לבדו שנה לבדה.

XVII (C 14, D VIII).

(שבע כפולות בגדכפרת נוצר עם ב (אלו) שבתאי ושבת ופה חיים ומות נוצר עם ג (אלו) צדק אחד בשבת עין ימין שלום ורע נוצר עם ד (אלו) מאדים שני בשבת עין שמאל חכמה ואולת נוצר עם כ (אלו) חמה שלשי בשבת אף ימין עושר ועוני נוצר פ (אלו) נוגה רביעי בשבת אף שמאל זרע שממה נוצר עם ר (אלו) כוכב חמישי בשבת אזן ימין חן וכעור נוצר עם ת (אלו) לבנה ששי בשבת אזן שמאל ממשלה ועבדות והן בגדכפרת).

XVIII (A 12, B 16, C 4, D III, 4).

(Sieben Doppelte:) wie verschmolz er sie miteinander? Zwei Steine[66] bauen zwei Häuser, drei *Steine* bauen vier Häuser, vier *Steine* bauen vierundzwanzig Häuser, fünf *Steine* bauen einhundertundzwanzig Häuser, sechs *Steine* bauen siebenhundertundzwanzig Häuser sieben *Steine* bauen fünftausendundvierzig Häuser; von dannen und weiter gehe hinaus und berechne, was der Mund nicht mehr sprechen und das Ohr nicht mehr hören kann.

(שֶׁבַע כְּפוּלוֹת) כֵּיצַד צְרָפָן [1] שְׁתֵּי אֲבָנִים בּוֹנוֹת שְׁנֵי בָתִּים שָׁלֹשׁ אֲבָנִים [2] בּוֹנוֹת שִׁשָּׁה בָתִּים אַרְבַּע אֲבָנִים [3] בּוֹנוֹת אַרְבָּעָה וְעֶשְׂרִים בָּתִּים חָמֵשׁ אֲבָנִים [4] בּוֹנוֹת מֵאָה וְעֶשְׂרִים בָּתִּים שֵׁשׁ אֲבָנִים [5] בּוֹנוֹת שְׁבַע מֵאוֹת וְעֶשְׂרִים בָּתִּים שֶׁבַע אֲבָנִים [6] בּוֹנוֹת חֲמֵשֶׁת אֲלָפִים וְאַרְבָּעִים בָּתִּים מִכַּאן וְאֵילָךְ צֵא וַחֲשׁוֹב מַה שֶׁאֵין הַפֶּה יָכוֹל לְדַבֵּר וְאֵין הָאֹזֶן יְכוֹלָה לִשְׁמֹעַ.

[1] A. [2] BC. [3] BC. [4] BC. [5] BC. [6] BC.

Fünfter Abschnitt.

I (A 1, B 1, C 1, D I, 3).

Zwölf Einfache: HVZḤṬJLNSʿOSQ; ihr Grund ist: Gesicht, Gehör, Geruch, Sprache, Essen[67], Beischlaf, Thätigkeit, Gehen, Zorn, Lachen, Denken, Schlaf[68].

שְׁתֵּים עֶשְׂרֵה פְּשׁוּטוֹת הוזחט ילנסעצק יְסוֹדָן רְאִיָּה שְׁמִיעָה רֵיחָה שִׂיחָה לְעִיטָה תַּשְׁמִישׁ *מַעֲשֶׂה[1] הִלּוּךְ רֹגֶז שְׂחוֹק הִרְהוּר שֵׁינָה.

[1] C. שמחה.

II (A 1, B 2, C 2, D II. 4).

שְׁתֵּים עֶשְׂרֵה פְּשׁוּטוֹת הוז״ח ט
י ל נ ס ע צ ק שְׁתֵּים עֶשְׂרֵה וְלֹא עַשְׁתֵּי עֶשְׂרֵה
שְׁתֵּים עֶשְׂרֵה וְלֹא שְׁלֹשׁ עֶשְׂרֵה ¹*יְסוֹדָן ²שְׁנֵים
עָשָׂר *גְּבוּלֵי אֲלַכְסוֹן ³ (מפצלין לששה
סדרים מפסקין בין רוח לרוח) ⁴ גְּבוּל מִזְרָחִית
צְפוֹנִית גְּבוּל מִזְרָחִית דְּרוֹמִית גְּבוּל
מִזְרָחִית רוֹמִית גְּבוּל מִזְרָחִית תַּחְתִּית
גְּבוּל צְפוֹנִית רוֹמִית גְּבוּל צְפוֹנִית
תַּחְתִּית גְּבוּל מַעֲרָבִית צְפוֹנִית גְּבוּל
מַעֲרָבִית דְּרוֹמִית גְּבוּל מַעֲרָבִית
רוֹמִית גְּבוּל מַעֲרָבִית תַּחְתִּית גְּבוּל
דְּרוֹמִית רוֹמִית גְּבוּל דְּרוֹמִית תַּחְתִּית
וּמִתְרַחֲבִין ⁵ וְהוֹלְכִין עַד עֲדֵי עַד וְהֵם זְרוֹעוֹת
עוֹלָם ⁶.

Zwölf Einfache HVZḤTJLNSʿOṢQ; *zwölf und nicht elf, zwölf und nicht dreizehn; ihr Grund ist: entsprechend den zwölf Winkeln*[69], *nordöstlicher Winkel, südöstlicher Winkel, obenöstlicher Winkel, untenöstlicher Winkel, obennördlicher Winkel, untennördlicher Winkel, nordwestlicher Winkel, südwestlicher Winkel, obenwestlicher Winkel, untenwestlicher Winkel, obensüdlicher Winkel, untensüdlicher Winkel. Und sie dehnen sich aus und erweitern sich bis in das Unendliche, diese sind die Arme der Welt.*[70]

¹ CD. ² A מדתן. ³ A שתים עשרה גבולים באלכסונן. ⁴ CD. ⁵ A ומרחיבין. ⁶ ABC.

III (A 2, B 3, C 3, D VI. 1).

שְׁתֵּים עֶשְׂרֵה פְּשׁוּטוֹת הוז״ח ט
י ל נ ס ע צ ק (יְסוֹדָן)¹ חֲקָקָן חֲצָבָן שְׁקָלָן
צְרָפָן וְהֵמִירָן וְצָר בָּהֶן *שְׁנֵים עָשָׂר
מַזָּלוֹת בָּעוֹלָם *שְׁנֵים עָשָׂר³ חֳדָשִׁים
בַּשָּׁנָה *שְׁנֵים עָשָׂר⁴ מַנְהִיגִים בַּנֶּפֶשׁ
(זָכָר וּנְקֵבָה).⁵

Zwölf Einfache: HVZḤTJLNSʿOṢQ; *er zeichnete, hieb, schmelzte*[71], *vertauschte und wog sie, und schuf aus ihnen zwölf Sternbilder*[72] *in der Welt, zwölf Monate im Jahr und zwölf. leitende [Organe] im Körper (männlich und weiblich).*

¹ B. ² fehlt in D. ³ fehlt in D. ⁴ fehlt in D. ⁵ BC.

IV (A 2, B 4).

שְׁנֵים עָשָׂר מַזָּלוֹת בָּעוֹלָם טָלֶה שׁוֹר תְּאוֹמִים
סַרְטָן אַרְיֵה בְּתוּלָה מֹאזְנַיִם עַקְרָב קֶשֶׁת גְּדִי
דְּלִי דָּגִים.

Zwölf Sternbilder in der Welt: Widder, Stier, Zwillinge, Krebs, Löwe, Jungfrau, Wage, Scorpion, Schütze[73], *Steinbock, Wassermann*[74], *Fische.*

V (A 2, B 5).

Zwölf Monate im Jahr: Nisan, Ijar, Sivan, Tamuz, Abh, Elul, Tišri, Marḥešvan, Kislev, Ṭebeth, Šebath, Adār [75].

שְׁנֵים עָשָׂר חֳדָשִׁים בַּשָּׁנָה נִיסָן אִיָּר סִיוָן תַּמּוּז אָב אֱלוּל תִּשְׁרִי מַרְחֶשְׁוָן כִּסְלֵו טֵבֵת שְׁבָט אֲדָר.

VI (A 2, B 6, 10, C 3, D VI, 1).

Zwölf leitende [Organe] im Körper (*männlich und weiblich*): zwei Hände, zwei Füsse, zwei Nieren, Milz, Leber, Galle, Darm, Magen, Mastdarm[46]. Er machte sie nach Art eines Streites, er richtete sie ein nach Art eines Krieges[78], (*auch dies,*) das Eine gegen das Andere (*machte Gott*).

שְׁנֵים עָשָׂר מַנְהִיגִים בַּנֶּפֶשׁ (זָכָר וּנְקֵבָה) [1] שְׁתֵּי יָדַיִם שְׁתֵּי רַגְלַיִם שְׁתֵּי כְלָיוֹת טָחוֹל כָּבֵד מָרָה *הַמָּסָס [2] קֵיבָה קוּרְקְבָן (*שני לועזים [77] ושני עליזים שני יועצים ושני יעוצים שני טורפים ושני צידים [3]) עֲשָׂאָן כְּמִין *מְרִיבָה [4] עֲרָכָן כְּמִין מִלְחָמָה (גַּם אֶת) [5] זֶה לְעֻמַּת זֶה (עָשָׂה אֱלֹהִים). [6]

[1] B. [2] B דקין. [3] D שני לעיזים ושני עליזים שני נועצים ושני עליצים והן קרקבנין ושתי ידים ושתי רגלים. [4] B עריכה סדרן כמין חומה E מדינה. [5] AB. [6] AB.

VII (A 2, B 7, C 8, D VI, 1.)

Er liess herrschen den Buchstaben He in der Sprache, band ihm eine Krone um und verschmelzte sie miteinander; erschuf durch sie: den Widder in der Welt, Nisan im Jahr und die rechte Hand im Körper *(männlich und weiblich)*.

הִמְלִיךְ אוֹת ה *בְּשִׂיחָה [1] וְקָשַׁר לוֹ כֶּתֶר *וּצְרָפָן זֶה בָּזֶה [2] וְצָר בָּהֶן טָלֶה בָּעוֹלָם נִיסָן בַּשָּׁנָה *וְיַד יָמִין [3] בַּנֶּפֶשׁ (זָכָר וּנְקֵבָה) [4].

[1] fehlt in AD. [2] fehlt in A. [3] B רגל ימין, CD כבד. [4] BC.

VIII (A 2, B 7, C 9, D VI, 1)

Er liess herrschen den Buchstaben Vav im Denken, band ihm eine Krone um und verschmelzte sie miteinander;

הִמְלִיךְ אוֹת ו *בְּהִרְהוּר [1] וְקָשַׁר לוֹ כֶּתֶר *וּצְרָפָן זֶה בָּזֶה [2] וְצָר בָּהֶן

שׁוֹר בָּעוֹלָם אִיָּר בַּשָּׁנָה*וְיַד שְׂמֹאל [3] בַּנֶּפֶשׁ (זָכָר וּנְקֵבָה)[4].

er schuf durch sie: Stier in der Welt, Jjar im Jahr und die linke Hand im Körper (*männlich und weiblich*).

[1] fehlt in AD. [2] fehlt in A. [3] CD מרה B כוליא ימנית. [4] BC.

IX (A 2, B 7, C 10, D VI, 1).

הִמְלִיךְ אוֹת ז *בְּהִלּוּךְ [1] וְקָשַׁר לוֹ כֶּתֶר*וּצְרָפָן זֶה בָּזֶה[2]וְצָר בָּהֶן תְּאוֹמִים בָּעוֹלָם וְסִיוָן בַּשָּׁנָה*וְרֶגֶל יָמִין [3] בַּנֶּפֶשׁ (זָכָר וּנְקֵבָה)[4].

Er liess herrschen den Buchstaben Zain im Gehn, band ihm eine Krone um und verschmelzte sie miteinander; er schuf durch sie: Zwillinge in der Welt, Sivan im Jahr und den rechten Fuss im Körper (*männlich und weiblich*).

[1] fehlt in AD. [2] fehlt in A. [3] CD המסס B רגל שמאל. [4] BC.

X (A 2, B 8, C 11, D VI, 1).

הִמְלִיךְ אוֹת ח *בִּרְאִיָּה [1] וְקָשַׁר לוֹ כֶּתֶר *וּצְרָפָן זֶה בָּזֶה [2] וְצָר בָּהֶן סַרְטָן בָּעוֹלָם וְתַמּוּז בַּשָּׁנָה *וְרֶגֶל שְׂמֹאל [3] בַּנֶּפֶשׁ (זָכָר וּנְקֵבָה)[4]

Er liess herrschen den Buchstaben Ḥeth im Gesicht, band ihm eine Krone um und verschmelzte sie miteinander; er schuf durch sie: den Krebs in der Welt, Tamuz im Jahr und den linken Fuss im Körper (*männlich und weiblich*).

[1] fehlt in AD. [2] fehlt in A. [3] CD המסס. [4] BC.

XI (A 2, B 8, C 12, D VI, 1).

הִמְלִיךְ אוֹת ט *בִּשְׁמִיעָה [1] וְקָשַׁר לוֹ כֶּתֶר *וּצְרָפָן זֶה בָּזֶה [2] וְצָר בּוֹ אַרְיֵה בָּעוֹלָם וְאָב בַּשָּׁנָה *וְכוּלְיָא יָמִין [3] בַּנֶּפֶשׁ (זָכָר וּנְקֵבָה)[4].

Er liess herrschen den Buchstaben Ṭeth im Gehör, band ihm eine Krone um und verschmelzte sie miteinander; er schuf durch sie: den Löwen in der Welt, Abh im Jahr und die rechte Niere im Körper (*männlich und weiblich*).

[1] fehlt in AD. [2] fehlt in A. [3] C כוליא שמאל. [4] BC.

XII (A 2, B 8, C 13, D VI, 1).

Er liess herrschen den Buchstaben Jod in der Thätigkeit, band ihm eine Krone um und verschmelzte sie miteinander; er schuf durch sie: die Jungfrau in der Welt, Elul im Jahr und die linke Niere im Körper (*männlich und weiblich*).

הִמְלִיךְ אוֹת י *בְּמַעֲשֶׂה[1] וְקָשַׁר
לוֹ כֶּתֶר *וּצְרָפָן זֶה בָּזֶה[2] וְצָר בּוֹ
בְּתוּלָה בָּעוֹלָם וֶאֱלוּל בַּשָּׁנָה *וְכוּלְיָא
שְׂמֹאל[3] בַּנֶּפֶשׁ (זָכָר וּנְקֵבָה)[4].

[1] fehlt in AD. [2] fehlt in A. [3] B יד שמאל. [4] BC.

XIII (A 2, B 9, C 14, D VI, 1).

Er liess herrschen den Buchstaben Lamed im Beischlaf, band ihm eine Krone um und verschmelzte sie miteinander; er schuf durch sie: die Wage in der Welt, Tišri im Jahr und die Leber im Körper (*männlich und weiblich*).

הִמְלִיךְ אוֹת ל *בְּתַשְׁמִישׁ[1] וְקָשַׁר
לוֹ כֶּתֶר *וּצְרָפָן זֶה בָּזֶה[2] וְצָר בּוֹ
מֹאזְנַיִם בָּעוֹלָם וְתִשְׁרִי בַּשָּׁנָה *וְכָבֵד
[3] בַּנֶּפֶשׁ (זָכָר וּנְקֵבָה)[4].

[1] fehlt in AD. [2] fehlt in A. [3] CD קורקבן, B מרה. [4] BC.

XIV (A 2, B 9, C 15, D VI 1).

Er liess herrschen den Buchstaben Nun im Geruch, band ihm eine Krone um und verschmelzte sie mit einander; er schuf durch sie: den Scorpion in der Welt, Marḥešvan im Jahr und die Milz im Körper (*männlich und weiblich*).

הִמְלִיךְ אוֹת נ *בְּרִיחָה[1] וְקָשַׁר
לוֹ כֶּתֶר *וּצְרָפָן זֶה בָּזֶה[2] וְצָר בָּהֶן
עַקְרָב בָּעוֹלָם וּמַרְחֶשְׁוָן בַּשָּׁנָה
*וְטָחוֹל[3] בַּנֶּפֶשׁ (זָכָר וּנְקֵבָה)[4].

[1] fehlt in AD. [2] fehlt in A. [3] CD קיבה, B דקין. [4] BC.

XV (A 2, B 9, C 16, D VI, 1).

Er liess herrschen den Buchstaben Samech im Schlaf, band ihm eine Krone um und verschmelzte sie mit einander; er schuf durch sie: den Schützen in der Welt, Kislev im Jahr und die Galle im Körper (*männlich und weiblich*).

הִמְלִיךְ אוֹת ס *בְּשֵׁינָה[1] וְקָשַׁר
לוֹ כֶּתֶר *וּצְרָפָן זֶה בָּזֶה[2] וְצָר בָּהֶן.
קֶשֶׁת בָּעוֹלָם וְכִסְלֵו בַּשָּׁנָה *וּמָרָה[3]
בַּנֶּפֶשׁ (זָכָר וּנְקֵבָה)[4].

[1] fehlt in AD. [2] fehlt in A. [3] CD יד ימין, B קיבה. [4] BC.

XVI (A 2, B 10, C 17, D VI, 1).

הִמְלִיךְ אוֹת ע *בְּרוֹגֶז [1] וְקָשַׁר לוֹ
כֶּתֶר *וּצְרָפָן זֶה בָּזֶה [2] וְצָר בָּהֶן גְּדִי
בָּעוֹלָם וְטֵבֵת בַּשָּׁנָה *וְהַמְּסֵס [3] בַּנֶּפֶשׁ
(זָכָר וּנְקֵבָה) [4].

Er liess herrschen den Buchstaben ʿAjin im **Z o r n**, band ihm eine Krone um und verschmelzte sie miteinander; er schuf durch sie: den Steinbock in der Welt, Ṭebeth im Jahr und den Darm im Körper (*männlich und weiblich*).

[1] fehit in AD. [2] fehlt in A. [3] CD יד שמאל, B כבד. [4] BB.

XVII (A 2, B 10. C 18, D VI, 1).

הִמְלִיךְ אוֹת צ *בִּלְעִיטָה [1] וְקָשַׁר
לוֹ כֶּתֶר *וּצְרָפָן זֶה בָּזֶה [2] וְצָר בּוֹ
דְּלִי בָּעוֹלָם וּשְׁבָט בַּשָּׁנָה *וְקֵיבָה [3]
בַּנֶּפֶשׁ (זָכָר וּנְקֵבָה) [4].

Er liess herrschen den Buchstaben Ṣadē im **E s s e n**, band ihm eine Krone um und verschmelzte sie miteinander; er schuf durch sie: den Wassermann in der Welt, Šebaṭh im Jahr und den Magen im Körper (*männlich und weiblich*).

[1] fehlt in AD. [2] fehst in A. [3] CD רגל ימין, B קורקבן. [4] BC.

XVIII (A 2, B 10, C 19, D VI, 1).

הִמְלִיךְ אוֹת ק *בִּשְׂחוֹק [1] וְקָשַׁר
לוֹ כֶּתֶר וּצְרָפָן זֶה בָּזֶה [2] וְצָר בּוֹ
דָּגִים בָּעוֹלָם וַאֲדָר בַּשָּׁנָה *וְקוּרְקְבָן
[3] בַּנֶּפֶשׁ (זָכָר וּנְקֵבָה) [4] [עֲשָׂאָן כְּמִין *מְרִיבָה [5]
סִדְּרָן כְּמִין חוֹמָה עֲרָכָן כְּמִין מִלְחָמָה]. [6]

Er liess herrschen den Buchstaben Qoph im **L a c h e n**, band ihm eine Krone um und verschmelzte sie miteinander; er schuf durch sie: Fische in der Welt, Adar im Jahr und den Mastdarm im Körper (*männlich und weiblich*). [*Er machte sie in der Art eines Streites, ordnete sie in der Art einer Mauer und rüstete sie in der Art eines Kampfes*].

[1] fehlt in AD. [2] fehlt in A. [3] CD רגל שמאל, B טחול. [4] BC. [5] i. T. עריבה. [6] B.

XIX (C 20, D V, I. VI, 1).

החצה את העדים והעמידם אחד אחד לבדו עולם לבדו שנה לבדה ונפש לבדה.

XX (C 21, D VIII).

שתים עשרה פשוטות הוזחטילנסעצק נוצר עם ה׳ (אלו) טלה ניסן כבד ראיה וסמיות

נוצר עם ו (אלו) שור אייר מרה שמיעה וחרשות. נוצר עם ז (אלו) תאומים סיון טחול ריחה ותתרות. נוצר עם ח (אלו) סרטן תמוז המסס שיחה ואלמות. נוצר עם ט (אלו) אריה אב כוליא של ימין לעיטה *ורעבון [1] .נוצר עם י (אלו) בתולה אלול כוליא (של) שמאל *מעשה וגדמות [2]. נוצר עם ל (אלו) מאזנים תשרי וקורקבן *תשמיש וסריסות [3] .נוצר עם נ (אלו) עקרב מרחשון קיבה הלוך חגרות .נוצר עם ס (אלו) קשת כסלו יד ימין רוגז ונטול כבד .נוצר עם ע (אלו) גדי טבת ויד שמאל שחוק ונטול הטחול .נוצר עם צ (אלו) דלי שבט רגל ימין הרהור ונטול הלב. נוצר עם ק (אלו) דגים אדר רגל שמאל שינה *ניעור [4] *זהו שנים עשרה פשוטות הוזחטילנסעצק [5] וכלן אדוקות בתלי גלגל ולב.

[1] D ורעבתון. [2] D תשמיש וסרוס. [3] D מעשה וגרמות. [4] D מת והלך לו. [5] fehlt in D.

XXI (A 3).

(שָׁלֹשׁ אִמּוֹת שֶׁהֵן שְׁלֹשָׁה אָבוֹת שֶׁמֵּהֶם יָצָא אֵשׁ וְרוּחַ וּמַיִם שָׁלֹשׁ אִמּוֹת וְשֶׁבַע כְּפוּלוֹת וּשְׁתֵּים עֶשְׂרֵה פְּשׁוּטוֹת).

(Drei Mütter giebt es, welche drei Väter sind; aus ihnen kommen hervor: Feuer, Luft und Wasser. Drei Mütter, sieben Doppelte und zwölf Einfache.)

XXII (A 4).

(אֵלּוּ עֶשְׂרִים וּשְׁתַּיִם אוֹתִיּוֹת שֶׁבָּהֶם יָסַד הַקָּדוֹשׁ בָּרוּךְ הוּא יָהּ יַהְוֶה צְבָאוֹת אֱלֹהִים חַיִּים אֱלֹהֵי יִשְׂרָאֵל רָם וְנִשָּׂא שׁוֹכֵן עַד מָרוֹם וְקָדוֹשׁ שְׁמוֹ מָרוֹם וְקָדוֹשׁ הוּא).

(Diese sind die zweiundzwanzig Buchstaben, mit denen der Heilige, gebenedeiet sei er, Jah Jahve Zebaoth, der lebendige Gott, der Gott Israels, [Alles] gegründet hat; hoch und erhaben ist er, der da ewig wohnet, erhaben und heilig ist sein Name, erhaben und heilig ist er.)

Sechster Abschnitt.

I (C 1, D III, 5).

שלש אמות אמש שבע כפולות בגדכפרת שתים עשרה פשוטות הוזחטילנסעצק אלו הן שתים עשרה אותיות *שיסד בהן [1] יה יהוה צבאות אלהי ישראל אלהים חיים אל שדי רם ונשא שוכן עד מרום וקדוש שמו *יה שני שמות יהיה ארבעה שמות [2] צבאות שהוא אות בצבא שלו אלהי ישראל שר *בפני [3] אל אלהים חיים שלשה נקראו חיים אלהים חיים מים חיים עץ (ה)חיים אל קשה שדי שעד כאן די רם שהוא יושב ברומו של עולם ורם על כל רמים ונשא שהוא נושא וסובל במעלה ובמטה שכל הנושאין הם למטה ומשאן למעלה והוא

למעלה *ומשאו[4] למטה (הוא) נושא וסובל את כל העולם כלו שוכן עד שמלכותו עדי עד ואין לו הפסק וקדוש שמו שהוא קדוש ומשרתיו קדושים ולו אומרים (בכל יום)[5] קדוש קדוש קדוש.

[1] D שבהן חקק. [2] C שני שמות יה יהוה. [3] D מפני. [4] C ונושא. [5] D.

II (C 2, D III, 6).

(רַאְיָה לְדָבָר עֵדִים נֶאֱמָנִים עוֹלָם שָׁנָה וָנֶפֶשׁ)[1] שְׁנֵים עָשָׂר לְמַטָּה וְשִׁבְעָה עַל־גַּבָּם וּשְׁלֹשָׁה עַל גַּבֵּי שִׁבְעָה *מִן הַשְּׁלֹשָׁה[2] יָסַד מְעוֹנוֹ וְכֻלָּם תְּלוּיִם (וְעוֹמְדִים) בְּאֶחָד סִימָן לְאֶחָד וְאֵין שֵׁנִי לוֹ וּמֶלֶךְ יָחִיד בְּעוֹלָמוֹ שֶׁהוּא אֶחָד וּשְׁמוֹ אֶחָד.

(Ein Beweis dafür und wahre Zeugen sind: Welt, Jahr und Körper.) Zwölf sind unten, sieben auf diesen, und drei auf den sieben; aus den dreien gründete er seine Wohnung, und alles geht von Eins aus. Dies ist ein Zeichen[79] *dafür, dass er einer ist und nicht einen zweiten [neben sich] hat; er ist der einzige König in der Welt, er ist einzig und sein Name ist einzig.*

[1] D. [2] D ומשלשתן.

III (C 4, D II, 6).

[עוֹלָם סְפִירָתוֹ בַּעֲשָׂרָה [וּשְׁנֵים עָשָׂר] (רַאְיָה לְדָבָר עֵדִים נֶאֱמָנִים עוֹלָם שָׁנָה וָנֶפֶשׁ) אֵשׁ רוּחַ וּמַיִם שִׁבְעָה כֹּכָבִים וּשְׁנֵים עָשָׂר מַזָּלוֹת שָׁנָה סְפִירָתָהּ בַּעֲשָׂרָה [וּשְׁנֵים עָשָׂר] קוֹר חוֹם רְוָיָה *שִׁבְעָה יָמִים[1] וּשְׁנֵים עָשָׂר *חֳדָשִׁים[2] נֶפֶשׁ סְפִירָתָהּ בַּעֲשָׂרָה וּשְׁנֵים עָשָׂר רֹאשׁ גְּוִיָּה בֶּטֶן שִׁבְעָה שְׁעָרִים שְׁנֵים עָשָׂר מַנְהִיגִים].

[Die Zahl in der Welt ist die Zehn [und Zwölf] (ein Beweis dafür und wahre Zeugen sind: Welt, Jahr und Körper); Feuer, Luft und Wasser, sieben Sterne und zwölf Sternbilder. Die Zahl im Jahre ist zehn [und zwölf]; Kälte, Wärme und Gemässigtes, sieben Tage und zwölf Monate. Die Zahl im Körper ist zehn und zwölf: Kopf, Bauch und Leib, sieben Pforten und zwölf leitende Organe.]

[1] D שבעת ימי בראשית. [2] D ירחים.

IV (A 1, B 1, C 3, D I, 4).

אֵלּוּ הֵן שָׁלֹשׁ אִמּוֹת אֹמֹשׁ וְיָצְאוּ מֵהֶן שְׁלֹשָׁה אָבוֹת וְהֵם אֲוִיר מַיִם וָאֵשׁ וּמֵאָבוֹת תּוֹלָדוֹת[1]

Diese sind die drei Mütter: A. M. Š., von diesen gingen Väter aus, und von den Vätern Geschlechter. Drei Väter und ihre Geschlechter, sieben Sterne [80] und ihre Heere und zwölf schräge Gränzen. Ein Beweis dafür und treue Zeugen sind: die Welt, das Jahr und der Körper.

שְׁלֹשָׁה אָבוֹת וְתוֹלְדוֹתֵיהֶם וְשִׁבְעָה *כֹּכָבִים [2] וְצִבְאוֹתֵיהֶם וּשְׁנֵים עָשָׂר גְּבוּלֵי אֲלַכְסוֹן וְרְאָיָה לְדָבָר עֵדִים נֶאֱמָנִים *עוֹלָם [3] שָׁנָה וָנֶפֶשׁ.

[1] B. [2] D כובשין. [3] AB בעולם.

V (A 1, B 1, C 5, D I, 4).

Eine Satzung ist: die Zwölfzahl, die Siebenzahl und die Dreizahl; ihre Beamten sind: der Sphären-Kreis, der Drache [81] und das Herz.

חֹק (עֲשָׂרָה) שְׁנֵים עָשָׂר שִׁבְעָה וּשְׁלֹשָׁה וּפְקִידֵיהֶם בְּגַלְגַּל תְּלִי וְלֵב.

VI (A 1, B 2).

Drei [Mütter A M Š,] Luft, Wasser und Feuer; Feuer oben, Wasser unten und die Luft ist eine schwankende Satzung zwischen beiden. Das Zeichen ist: das Feuer trägt das Wasser; M schweigt, Š zischt und A [82] ist eine schwankende Satzung zwischen beiden.

שָׁלֹשׁ [אִמּוֹת אמש][1] אֲוִיר מַיִם אֵשׁ אֵשׁ לְמַעְלָה וּמַיִם לְמַטָּה (וַאֲוִיר) [2] רוּחַ חֹק מַכְרִיעַ בֵּינְתַיִם וְסִמָּן לְדָבָר הָאֵשׁ נוֹשֵׂא אֶת הַמַּיִם מ דוֹמֶמֶת ש שׁוֹרֶקֶת א (אויר רוח) [3] חֹק מַכְרִיעַ בֵּנְתַיִם.

[1] B. [2] B. [3] B.

VII (A 2, B 3, C 5).

Der Drache in der Welt ist wie ein König auf seinem Thron; der Sternbilderkreis im Jahr ist wie ein König im Reiche; das Herz ist wie ein König im Krieg [83].

תְּלִי בָּעוֹלָם כְּמֶלֶךְ עַל־כִּסְאוֹ גַּלְגַּל בְּשָׁנָה כְּמֶלֶךְ בִּמְדִינָה לֵב בְּנֶפֶשׁ כְּמֶלֶךְ בְּמִלְחָמָה.

VIII (C 6, D VIII).

כללו של דבר מקצת אלו מצטרפין עם אלו (ומקצת אלו מצטרפין עם אלו. אלו עם אלו ואלו עם אלו. אלו כנגד אלו ואלו כנגד אלו) [1] אלו תמורת אלו (ואלו תמורת אלו אם אין אלו אין אלו ואם אין אלו אין אלו) [2] וכלן אדוקיו בתלי גלגל ולב.

[1] D. [2] D.

IX (A 2, B 4, C 7).

גַּם־אֶת־זֶה לְעֻמַּת זֶה עָשָׂה הָאֱלֹהִים
טוֹב לְעֻמַּת רַע וָרַע לְעֻמַּת טוֹב [1] טוֹב
מִטּוֹב וָרַע מֵרַע הַטּוֹב מַבְחִין אֶת־הָרַע
וְהָרַע מַבְחִין אֶת־הַטּוֹב טוֹבָה *שְׁמוּרָה
[2] לַטּוֹבִים וְרָעָה *שְׁמוּרָה [3] לָרָעִים.

Auch hat Gott das Eine gegen das Andere gemacht, das Gute gegen das Böse *und das Böse gegen das Gute,* Gutes aus Gutem und Böses aus Bösem; das Gute unterscheidet[84] das Böse, und das Böse unterscheidet das Gute; Gutes ist aufbewahrt für die Guten, und Böses (ist aufbewahrt) für die Bösen.

[1] BC. [2] C גנוזה. [3] C גנוזה.

X (A 3, B 5, C V, 4, D VI, 1).

שְׁלֹשָׁה כָּל־[1] אֶחָד לְבַדּוֹ עוֹמֵד
אֶחָד מְזַכֶּה וְאֶחָד מְחַיֵּב וְאֶחָד מַכְרִיעַ בֵּינְתַיִם[2].

Drei,[85] ein jeder steht allein für sich; *der Eine beglückt, der Eine beschuldigt und der Eine ist schwebend zwischen beiden.*

[1] AB. [2] BC.

XI (A 3, B 5, C V, 5, D VI, 1).

שִׁבְעָה חֲלוּקִין [1] שְׁלֹשָׁה *מוּל [2] שְׁלֹשָׁה
וְאֶחָד (חוק) [3] מַכְרִיעַ בֵּינְתַיִם שְׁנֵים
עָשָׂר עוֹמְדִין בְּמִלְחָמָה שְׁלֹשָׁה
אוֹהֲבִים שְׁלֹשָׁה *שׂוֹנְאִים [4] שְׁלֹשָׁה
מְחַיִּים וּשְׁלֹשָׁה מְמִיתִים.

Sieben *sind getheilt,* drei gegenüber drei, und einer ist schwebend dazwischen; Zwölf stehen im Kampf, drei Freunde und drei Feinde, drei Belebende und drei Tötende.

[1] AD. [2] D על גבי. [3] D. [4] D אויבים.

XII (A 3, B 5, C V, 5).

שְׁלֹשָׁה אוֹהֲבִים הַלֵּב *וְהָאָזְנַיִם [1]
שְׁלֹשָׁה *שׂוֹנְאִים [2] הַמָּרָה וְהַכָּבֵד וְהַלָּשׁוֹן
שְׁלֹשָׁה מְחַיִּים שְׁנֵי נִקְבֵי הָאַף וְהַטְּחוֹל וּשְׁלֹשָׁה
מְמִיתִים שְׁנֵי הַנְּקָבִים וְהַפֶּה [3] וְאֵל מֶלֶךְ
נֶאֱמָן מוֹשֵׁל בְּכֻלָּם מִמְּעוֹן קָדְשׁוֹ עַד עֲדֵי
עַד [4].

Drei Freunde: das Herz und die Ohren, drei Feinde: die Galle, die Zunge, und die Leber, *drei Belebende: die beiden Nasenlöcher und die Milz, drei Tötende: die beiden Löcher und der Mund,* und Gott, ein wahrhaftiger König, herrscht über sie Alle, *aus seiner Heiligenstätte bis in alle Ewigkeit.*

[1] A והפה. [2] C אויבים. [3] BC. [4] BC.

XIII (A 3, B 5, C V, 6. D VI, 1).

Einer über drei, drei über sieben, sieben über zwölf; und sie Alle sind Einer an dem Zweiten geklammert. *Ein Zeichen dafür ist: zweiundzwanzig Gegenstände und ein Körper.*

[1] fehlt in D. [2] C.

*אֶחָד עַל גַּבֵּי שְׁלֹשָׁה שְׁלֹשָׁה
עַל גַּבֵּי שִׁבְעָה שִׁבְעָה עַל גַּבֵּי שְׁנֵים
עָשָׂר [1] וְכֻלָּם אֲדוּקִין זֶה בָּזֶה וְסִמָּן
לְדָבָר עֶשְׂרִים וּשְׁנַיִם חֲפָצִים וְגוּף אֶחָד [2].

XIV (C 6).

(*Diese sind die zweiundzwanzig Buchstaben mit welchen Gott gezeichnet hat, er machte aus ihnen drei Zahlen und schuf aus ihnen seine ganze Welt; er bildete durch sie die ganze Schöpfung und alles was geschaffen werden soll.*)

(אֵלּוּ הֵם עֶשְׂרִים וּשְׁתַּיִם אוֹתִיּוֹת שֶׁבָּהֶן חָקַק
אֶהְיֶה יָהּ יַהְוֶה אֱלֹהִים יַהְוֶה יַהְוֶה
צְבָאוֹת אֱלֹהִים צְבָאוֹת אֵל שַׁדַּי יַהְוֶה אֲדֹנָי
וְעָשָׂה מֵהֶם שְׁלֹשָׁה סְפָרִים וּבָרָא מֵהֶם
אֶת־כָּל־עוֹלָמוֹ וְצָר בָּהֶם אֶת כָּל־הַיְּצוּר וְאֶת־
כָּל־הֶעָתִיד לָצוּר).

XV (A 4, B 7, C 8, D VIII).

Und als gekommen war Abraham unser Vater, Friede sei mit ihm, da schaute er, betrachtete, forschte und verstand dies; er hieb und zeichnete bis er es erlangt hatte, dann offenbarte sich ihm der Herr des Alls, gebenedeiet sei sein Name, er setzte ihn auf seinen Schoss und küsste ihn auf das Haupt, und nannte ihn *Abraham* seinen Freund; er schloss ein Bündnis mit ihm und seinen Kindern, *(denn so heisst es:)* er glaubte an Jahve, dies wurde ihm zur Gerechtigkeit angerechnet. Er setzte das Bündniszeichen

*וּכְשֶׁבָּא [1] אַבְרָהָם אָבִינוּ עָלָיו
הַשָּׁלוֹם הִבִּיט וְרָאָה וְחָקַר וְהֵבִין
וְחָצַב וְחָקַק [2] וְעָלְתָה בְּיָדוֹ (הַבְּרִיאָה
שֶׁנֶּאֱמַר וְאֶת־הַנֶּפֶשׁ אֲשֶׁר עָשׂוּ בְחָרָן) [3] נִגְלָה
עָלָיו אֲדוֹן הַכֹּל *יִתְבָּרַךְ שְׁמוֹ לָעַד
[4] וְהוֹשִׁיבוֹ [5] בְּחֵיקוֹ וּנְשָׁקוֹ עַל רֹאשׁוֹ
וּקְרָאוֹ (אַבְרָהָם) [6] אוֹהֲבִי וְכָרַת בְּרִית
לוֹ וּלְזַרְעוֹ *עַד עוֹלָם [7] (שֶׁנֶּאֱמַר [8]
וְהֶאֱמִן בַּיהוָה וַיַּחְשְׁבֶהָ לּוֹ צְדָקָה
(וקרא עליו כבוד יהוה דכתיב בטרם אצרך
בבטן ידעתיך) [9] וְכָרַת לוֹ בְּרִית בֵּין

zwischen die zehn Finger seiner Hände, dies ist die Zunge,[86] und zwischen die zehn Zehen seiner Füsse, dies ist die Beschneidung. Er band *ihm* die zweiundzwanzig Buchstaben *der Thorah* an die Zunge, und *der Heilige, gebenedeiet sei er*, entdeckte ihm ihr Geheimnis; er liess sie ziehen im Wasser, brennen im Feuer und rauschen im Wind, er machte sie leuchten in den sieben *Sternen* und führen in den zwölf Sternbildern.

עֶשֶׂר אֶצְבְּעוֹת יָדָיו וְהִיא *הַלָּשׁוֹן[10] *וּבֵין עֶשֶׂר אֶצְבְּעוֹת רַגְלָיו וְהִיא הַמִּילָה[11] וְקָשַׁר (לוֹ)[12] עֶשְׂרִים וּשְׁתַּיִם אוֹתִיּוֹת (הַתּוֹרָה)[13] בִּלְשׁוֹנוֹ וְהַקָּדוֹשׁ בָּרוּךְ הוּא[14] גִּילָּה לוֹ אֶת *סוֹדָן[15] מְשָׁכָן בְּמַיִם דְּלָקָן בָּאֵשׁ רְעָשָׁן בְּרוּחַ בְּעָרָן בְּשִׁבְעָה כּוֹכָבִים[16] *נְהָגָן[17] בִּשְׁנֵים עָשָׂר מַזָּלוֹת.

[1] A וכיון שצפה. [2] AC וצרף וצר. [3] B, A אז. [4] A ברוך הוא. [5] A והושבהו. [6] AC. [7] fehlt in A. [8] B. [9] C. [10] C לשון הקודש. [11] fehlt in C. [12] A. [13] B. [14] C. [15] A יסודן, b סודו. [16] C. [17] E נתכן. In D ist dieser § viel kürzer: כשהבן אברהם אבינו יצר וצרף וחקר והשב ועלתה בידו נגלה עליו הקדוש ברוך הוא וקרא עליו המקרא הזה בטרם אצרך בבטן ידעתיך ובטרם תצא מרחם הקדשתיך נביא לגוים נתתיך ועשאו אוהבו וכרת לו ברית ולזרעו עד עולמי עד.

XVI C 9, D VII, 1).

שמים (אש)[1] חום ראש אויר (רוח)[2] רויה גויה ארץ (מים)[3] קור בטן זהו אמש.

[1] C. [2] C. [3] C.

XVII (C 10, D VII, 2).

שבתאי שבת פה. צדק ראשון בשבת עין ימין. מאדים שני בשבת עין שמאל. חמה שלשי בשבת אף ימין. נוגה רביעי בשבת אף שמאל. כוכב חמישי בשבת אזן ימין. לבנה ששי בשבת אזן שמאל זהוא בגד כפרת.

XVIII (C 11, D VII).

ואלו שנים עשר מזלות (שנים עשר חדשים שנים עשר מנהיגים) טלה ניסן כבד (ראיה וסמיות). שור אייר מרה (שמיעה וחרשות). תאומים סיון טחול (ריחה ותתרות). סרטן תמוז מסס (שיחה ואלמות). אב אריה בוליא ימין (לעיטה ורעבון). בתולה אלול בוליא שמאל (מעשה וגדמות). מאזנים תשרי קרקבן (תשמיש סריסות). עקרב מרחשון קיבה (הלוך וחגרות). קשת כסלו ויד ימין (רוגז ונטול כבד). גדי טבת יד שמאל (שחוק ונטול הטחול). דלי שבט רגל ימין (הרהור ונטול הלב). דגים אדר ורגל שמאל (שינה ניעור) *(והן הוזחטילנסעצק[1].

( ) fehlen in D. [1] D.

XIX (C 12).

שלשה אויבים לשון כבד מרה. שלשה אוהבים עינים אזנים לב. שלשה מחיים שנים חוטם טחול שלשה ממיתים שני נקבים תחתונים ופה.

XX (C 13).

שלשה אינם ברשותו עיניו אזניו חוטמו שלש שמועות טובות לאוזן ברכה שמועה טובה קלוס שלש ראיות רעות עין נואפת עין רעה עין מנדה שלש ראיות טובות בושת עין טובה עין נאמנת שלש רעות ללשון דבור רע והמלשין והמדבר אחד בפה ואחד בלב שלש טובות ללשון שתיקה ושמירת הלשון ודבור אמת.

Ende des Buches Jeṣirah.

Anmerkungen und Erklärungen

1. Die zweiunddreissig Bahnen der Weisheit werden im nächstfolgenden § erklärt, unter diesen versteht der Verfasser die zweiundzwanzig Buchstaben des hebräischen Alphabets und die zehn Urprincipien; doch wollen die Qabbalisten von dieser einfachen Erklärung nichts wissen und behaupten, dass wirklich zweiunddreissig Bahnen der Weisheit in den höheren Regionen da seien, ausser den in den nächsten §§ aufgezählten, durch welche Gott das Universum geschaffen hat. An erster Linie steht RABD, der eine grosse Abhandlung über die ל״ב נתיבות schrieb, die seinem Commentar vorangeht; näheres vergleiche in der Einleitung pag. 14.

2. Die Uebersetzung *wunderbare* ist nicht zutreffend; das Wort פליאה hat übrigens auch in der Bibel die Bedeutung *verborgen sein.*

3. Ob יהוה eine Verlängerung von יה (יהיה), oder יה eine Abkürzung von יהוה ist, sind die Gelehrten uneinig; doch ist es anzunehmen, dass יהוה der ursprüngliche Name ist. Vgl. Rée, Forschungen über die Ueberschriften der Psalmen OLB 1846 pag. 24 ff.

4. Die Lesart שוכן עד מרום וקדוש wie es im Gebetbuche (zu Šabbath) heisst, ist eine spätere, sie ist nur in einigen jüngeren Recensionen da; die richtige ist שוכן עד וקדוש שמו, genau wie Jes. 57, 15; die Behauptung Zunz', dieser Satz sei aus dem Gebetbuche entnommen, (vgl. J. Gugenheimer, OLB 1848 pag. 294) beruht auf einem Irrtum; auch ist die Bemerkung Brülls (2. Aufl. der G. V. pag. 175 Anmerk. b) eine ganz grundlose Hypothese.

5. Das Wort ספרים kommt in der hier passenden Bedeutung sonst nicht vor; schon in der Bibel hat dieses Wort die feste Bedeutung *Bücher*, in einer einzigen Stelle (Dan. 1, 4) hat es auch den weiteren Begriff *Schrift*; übrigens kann es auch eine Pluralbildung des Wortes סְפָר *Zählung* (II. Chr. 2, 16) sein. RMBJ behauptet, dass die Worte בשלשה ספרים überhaupt zu streichen sind, da nach

ihm hier סֵפֶר (*Buch,*) סְפָר (*Zahl*), סיפור (*Erzählung*), zu lesen ist und das Wort ספרים alle diese Begriffe nicht deckt.

6. Die ursprüngliche Bedeutung des Wortes ספירות ist: *Zahlen*; ibn Ezra nennt die Astronome חכמי הספירות, weil die Kenntnisse der Geometrie und der Arithmetik mit der Astronomie eng verbunden sind, es kann aber auch sein, dass er dieses Wort aus dem griechischen Sphära ableitet. Die Bezeichnung dieses Wortes für die metaphysisch-mystischen von Gott ausstrahlenden schaffenden Urkräfte ist eine Erfindung der spätern qabbalistischen Speculation, an die unser Verfasser nicht gedacht hat.

7. Das Wort בלימה wird von den Qabbalisten ganz falsch aufgefasst, indem sie dasselbe als Bezeichnung für Gott erklären, identisch mit אין סוף (*Infinitus*) Gott ist ein Nichts und zugleich ein Etwas; unbegreiflich, unaussprechlich, über Alles erhaben, daher ein Nichts für den sinnlichen Begriff, aber auch überallseiend (הוא מקומו של עולם ואין העולם מקומו). In Wirklichkeit sind unter עשר ספירות בלימה die abstrakten Zahlen zu verstehen, die ein Nichts und zugleich ein Etwas sind.

8. Das Wort יסוד wird von einigen mit dem vorhergehenden, von anderen mit dem folgenden Satz construirt; es kann aber, meiner Meinung nach, nur mit dem vorhergehenden verbunden werden, da es sonst יסודן heissen müsste.

9. Die Benennung Mütter für die drei Buchstaben שׁ מ א ist ganz dunkel; man könnte vielleicht mit D אימות *Stämme* lesen, da א der erste, מ der mittelste und שׁ der letzte (ת gehört zu den Doppelten) Buchstaben des Alphabets ist, allein der Satz מאמות יצאו אבות (IV, 4) zeigt, dass hier אִמּוֹת zu lesen ist.

10. Ueber die Symbolik dieser Zahlen vgl. die Einleitung pag. 20.

11. Meyer übersetzt *das Wort der Blösse*, was gar keinen Sinn giebt מילה heisst sowohl *Wort* wie auch *Beschneidung*, der Verfasser hat diesen Ausdruck als Wortspiel gebraucht.

12. Die Lesart בירורו ist wahrscheinlicher, jedoch ist auch בוריו nicht rein talmudisch; auf jeden Fall kann diese Stelle nicht als Beleg für eine spätere Abfassung angeführt werden.

13. Grätz (Gnost. u Jud. pag. 123) findet hier einen Angriff auf den Demjurgismus, warum aber nicht auf den Polytheismus und das Heidenthum überhaupt?

14. Dieser ganze Satz ist zweifellos ein späteres Einschiebsel, es können

hier nur die עשר ספירות in qabbalistischem Sinne gemeint sein, was dem Verfasser ganz unbekannt war.

15. Die im jüdischen Gebete bekannte Formel אל מלך נאמן kommt hier zuerst vor, Zunz scheint vergessen zu haben diese als aus dem Gebetbuche entlehnt zu bezeichnen.

16. Eine Anspielung auf Ezechiel 1, 14.

17. Die Zahlen sind gränzlos, ihr Ende steckt in ihrem Anfang, da von 10 ab wieder mit 1 begonnen werden muss. Es ist möglich, dass auch deshalb die Null durch einen Kreis (O) dargestellt wird, ein Symbol, dass die Zahlen anfangs- und endlos sind, (vgl. Rubin, Symbolik der Zahlen).

18. Was der Verfasser unter מקום versteht ist dunkel; zwar wird Gott schon in den ältesten Schriften מקום genannt, an dieser Stelle ist aber daran nicht zu denken.

19. Dieser Satz, der Veranlassung giebt an den Logos zu denken, ist ein späterer Zusatz, in D fehlt er ganz.

20. Die Buchstaben des Alphabets sind beim Verfasser der Inbegriff der Weisheit, er lässt sie daher aus dem Geiste entstehen; Analogien finden sich auch in späteren jüdischen Schriften (vgl. Midraš Rabbah, Exod. Kap. 15). Die Varianten des C und D sind zweifellos falsch.

21. Meyer schliesst aus diesem Citat und ähnlichen den „sichersten Beweis", dass diese Schrift, in dieser Gestalt von Abraham nicht herrühren kann. Aus dieser scharfen Kritik Meyers ist aber leider kein Gebrauch zu machen, da man mit Sicherheit behaupten kann, dass sämmtliche Citate in diesem Buche spätere Einschiebungen sind; sie fehlen entweder in der einen oder in der anderen Recension. Uebrigens ist dieser ganze Satz hier irrthümlich durch einen unwissenden Abschreiber eingeschoben, er giebt hier gar keinen Sinn.

22. Der erste Satz in diesem § variirt in den sämmtlichen Recensionen; eine falsche Lesart, בער statt ברר veranlasste Meyer zu der sinnlosen Uebersetzung, *er siegelte Geist auf die drei.*

23. Die Combinationen dieses Gottesnamens weichen in ihrer Ordnung in den verschiedenen Recensionen von einander ab, ich bin hier RMB gefolgt.

24. Dass die Zehnzahl in der Qabbalah eine grosse Bedeutung hat, ist allgemein bekannt; RMBN findet in dieser Zahl das Wort שכינה (die göttliche Majestät) durch folgende Buchstabenrechnung angedeutet:

$1 \times 1 = 1$	
$2 \times 2 = 4$	ש = 300
$3 \times 3 = 9$	
$4 \times 4 = 16$	כ = 20
$5 \times 5 = 25$	
$6 \times 6 = 36$	י = 10
$7 \times 7 = 49$	
$8 \times 8 = 64$	נ = 50
$9 \times 9 = 81$	
$10 \times 10 = 100$	ה = 5
385	385

Dadurch erklärt er auch den talmudischen Satz לא ירדה שכינה למטה מעשרה.

25. Die Uebersetzung *Wage der Seligkeit* ist nicht ganz zutreffend, doch entspricht sie den Gedanken des Verfassers. Das Wort זכות heisst eigentlich *Verdienst, Vorteil,* als Verbum wird es im Sinne von *bevorteilen* gebraucht; das aramäische זכא hat die Bedeutung *selig sein.*

26. Rittangel, Meyer u. a. erklären לשון חק als St. const. (*Zunge der Satzung*); Meyer weiss nicht ob die Redensart von der Wagzunge sonst vorkommt. Diese Erklärung ist grundfalsch, der Verfasser sagt hier, dass dieselben Buchstaben sich sowohl für gute wie auch für böse Begriffe zusammensetzen lassen (§ 4) und nur die Zunge des Menschen entscheidet; der Verfasser spricht auch von אויר מכריע, was nach citirter Uebersetzung gar keinen Sinn giebt.

27. Eigentlich sollte das Wort מכריע mit *entscheiden* übersetzt werden, auch wäre diese Uebersetzung an dieser Stelle passender, allein der Verfasser bedient sich später dieses Wortes bei Begriffen wo eine solche Uebersetzung ganz unmöglich ist.

28. Die Uebersetzung des Wortes צרף mit *vereinigen, verbinden,* was hier auch passend wäre, ist eine ganz späte. Postell übersetzt *zarafavit,* er konnte aber ebensogut *schekalavit, ḥakakavit* und *hemaravit* übersetzen.

29. Dieser ganze Satz befindet sich nur in den Recensionen C. und D; dass er nur ein erklärender Zusatz ist und nicht zum ursprünglichen Text gehört geht schon aus der Sprache hervor. Im Pseudo RSA-Commentar wird er fast buchstäblich als eine Erklärung Sa'adias (פיר"ס = פירש רב סעדיה) angeführt.

30. Mit „Pforten" bezeichnet der Verfasser die Buchstabencombinationen; aus dem ganzen hebräischen Alphabet, das zweiundzwanzig Buchstaben hat,

lassen sich zweihunderteinunddreissig Grundwurzeln je zwei Buchstaben combiniren, eine genaue Uebersicht giebt diese Tabelle.

אל	אכ	אי	אט	אח	אז	או	אה	אד	אג	אב
בג	את	אש	אר	אק	אצ	אפ	אע	אס	אנ	אמ
בנ	במ	בל	בכ	בי	בט	בח	בז	בו	בה	בד
גו	גה	גד	בת	בש	בר	בק	בצ	בפ	בע	בס
גפ	גע	גס	גנ	גמ	גל	גכ	גי	גט	גח	גז
די	דט	דח	דז	דו	דה	גת	גש	גר	גק	גצ
דש	דר	דק	דצ	דפ	דע	דס	דנ	דמ	דל	דכ
הס	הנ	המ	הל	הכ	הי	הט	הח	הז	הו	דת
וי	וט	וח	וז	הת	הש	הר	הק	הצ	הפ	הע
וש	ור	וק	וצ	ופ	וע	וס	ונ	ומ	ול	וכ
זפ	זע	זס	זנ	זמ	זל	זכ	זי	זט	זח	ות
חנ	חמ	חל	חכ	חי	חט	זת	זש	זר	זק	זצ
טל	טכ	טי	חת	חש	חר	חק	חצ	חפ	חע	חס
יכ	טת	טש	טר	טק	טצ	טפ	טע	טס	טנ	טמ
ית	יש	יר	יק	יצ	יפ	יע	יס	ינ	ימ	יל
כת	כש	כר	כק	כצ	כפ	כע	כס	כנ	כמ	כל
מנ	לת	לש	לר	לק	לצ	לפ	לע	לס	לנ	למ
נפ	נע	נס	מת	מש	מר	מק	מצ	מפ	מע	מס
סש	סר	סק	סצ	ספ	סע	נת	נש	נר	נק	נצ
פש	פר	פק	פצ	עת	עש	ער	עק	עצ	עפ	סת
שת	רת	רש	קת	קש	קר	צת	צש	צר	צק	פת

Da der Verfasser nur zweihunderteinunddreissig Combinationen zählt, so scheint er anzunehmen, dass die Urwurzeln der hebräischen Sprache zweiradikalig waren, und in Wirklichkeit geben viele Wurzelgruppen zu dieser Annahme Veranlassung. Vgl. Kerem ḥemed IX pag. 130.

31. ענג bedeutet hebräisch *Vergnügen*, dieselben Buchstaben in נגע umgesetzt bedeuten *Plage*; dies ist eine Erklärung zu § 1, dass sich aus denselben Buchstaben das Gute und das Böse zusammensetzen lässt, und nur die Buchstaben ordnende Zunge giebt die Entscheidung.

32. Meyer liest ביצר (יצר mit per Präposition ב) und übersetzt *solchergestalt* oder *als er sie gebildet hat*; dies beruht aber nicht auf Grund einer Variante, sondern auf grobem Unverständnis; D hat überall באיצר oder באיזהצר statt ביצר, was denselben Sinn giebt, jedoch beweist dies, dass dieses Wort ein späterer Zusatz ist.

33. Einige Uebersetzer fassen das Wort חלילה in der biblischen Bedeutung *fern sei es, bewahre* auf, was gar keinen Sinn giebt. Das Verbum חלל in der Bedeutung *Kreis machen* wird höchst wahrscheinlich aus dem hebräischen גלל entstanden sein, חלילה *das Kreismachen, das Rückwärtsgehen,* (wie im Neuhebräischen גלילה, jedoch nicht in genau demselben Sinn) ist eine rein hebräische Bildung, nicht wie Levy (NHWB) dieses Wort als Gräcismus bezeichnet. Meyer bemerkt ganz naiv „könnte חלילה soviel wie תחילה *Anfang* bedeuten so hiesse: *es kehrt wieder der Anfang.*

34. Unter שם braucht nicht gerade der Name Gottes verstanden zu werden; es soll heissen: aus einer Buchstabengruppe geht die ganze Sprache hervor; ebenso weiter § 5.

35. Die richtige Bedeutung des Wortes ממש ist *das Greifbare* im Gegensatz zum *Ungreifbaren;* es wird aus der Wurzel נמש (aus משש) entstanden sein. Postell las hier יצר מתהו אמש, was, wie schon Meyer bemerkt, falsch ist.

36. Dass Grätz in seinen kritischen Studien oft sein mangelhaftes Verständnis des von ihm behandelten Textes verräth und aus Missverständnis Resultate folgert, gehört nicht zu den Seltenheiten; auch an dieser Stelle giebt er einen Beweis, wie weit er das von ihm untersuchte Buch Jeṣirah verstanden hat. „Beachtung verdient ferner der Ausdruck, sagt Grätz (Gnost. u. Jud. pag. 117), welcher für die Vorstellung der Schöpfung aus Nichts gebraucht wird, der deutlich an die hellenische Metaphysik erinnert. „Gott bildete das Reale aus nichts und schuf das Nichtseiende“, ועשה את שאינו ישנו. Diese(r) Form אינו ישנו ist durchaus gegen den hebräischen Sprachgebrauch und nicht einmal in der Spracherweiterung des Neuhebräischen zu finden. — Ganz adäquat entspricht aber אינו ישנו dem Platonischen *μὴ ὄν,* welches noch in der gnostischen Metaphysik häufig im Gebrauch war, ja sogar von dem Verfasser des zweiten Buches der Makkabäer theilweise benutzt wurde.“ Ein jeder, der einen philosophischen hebräischen Text zu übersetzen im Stande ist, weiss, dass hier אינו nicht attributiv zu ישנו ist, sondern, dass diese beiden Worte zu trennen sind (ועשה את שאינו — ישנו) und drücken ganz entgegengesetzte Begriffe aus; die Uebersetzung ist: *er schuf aus Nichts* **(אינו)** *ein Etwas* **(ישנו)** nicht aber, wie Grätz *er schuf das Nichtseiende* (אינו ישנו); übrigens giebt seine Uebersetzung auch keinen Sinn, da man das Nichts nicht schaffen kann, es hätte heissen sollen *er schuf aus Nichtseiendem*); von einer Construction אינו־ישנו kann hier nicht die Rede sein. Die Begriffe אין und יש mit Suffixen kommen auch in der Bibel vor, wir brauchen

nicht in der Spracherweiterung des Neuhebräischen zu suchen. Und über solche auf Unverständnis beruhende Behauptungen, ist Grätz so kühn zu sagen: „Halten wir dieses kritische Resultat fest.“

37. Das Wort אויר braucht nicht aus dem syrischen Gräcismus ܐܐܪ oder ܐܐܪ entlehnt zu sein, es kann auch mit dem hebräischen אור zusammenhängen, jedenfalls war dieses Wort schon ganz früh in der hebräischen Sprache bekannt.

38. Das Wort וּמימר ist ganz dunkel, das aramäische מימרא (*Wort*) kommt in unserem Buche sonst nicht vor, und ebenso unverständlich ist die Construction; es wird vielleicht eine Corruption aus ואומר (*er spricht*) sein. RMBN erklärt es aus der Wurzel ימר *verwechseln, tauschen*, es giebt aber keinen guten Sinn. Uebrigens ist dieser ganze Satz nur ein späterer Zusatz, RMB hat סופר ומימר, RMBJ hat צופה ומאיר und berichtet auch von Texten welche צורף ומימר haben.

39. Unter שש טבעות versteht der Verfasser die sechs Combinationen des Namens יה״ו, über den er I, 13 ausführlich sprach. Es ist möglich, dass damit das in der qabbalistischen Symbolik hochstehende Hexagon (מגן דוד) ein Zusammenhang hat, dasselbe besteht aus sechs Dreiecken, die symbolisch auf die sechs Combinationen des aus drei Buchstaben bestehenden Namens יהו hindeuten. Das Hexagon kann auch das Symbol der sechs Dimensionen, des Unendlichen sein.

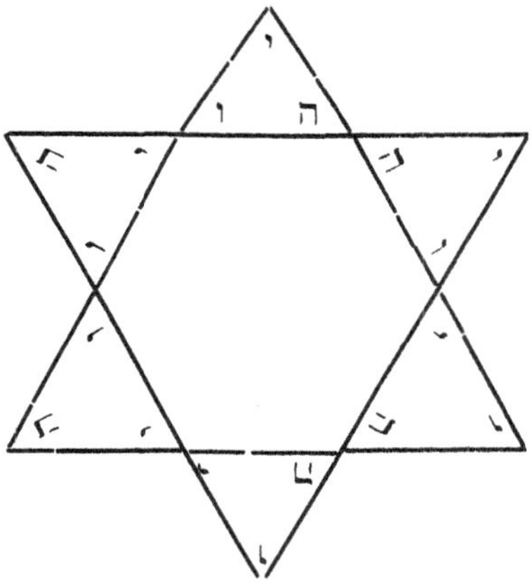

40. Einige Texte haben hier auch שלש אמות אמש יסודן, dieser Satz gehört aber nicht hierher; auch RABD hatte einen solchen Text vor, in diesem waren aber die Worte אש מים רוח wiederholt, und ist zu übersetzen: *drei Buch-*

staben אמש *ihr Grund ist: Feuer, Wasser und Luft.* Meyer bemerkt „ich verstehe: אמש *und ihre Grundbuchstaben*“, dies beweist aber, dass er nichts versteht.

41. Die Einteilung der Principien, Substanzen u. s. w. in active oder productive (זכר) und passive oder receptive (נקבה) Kräfte ist erst in der späteren Qabbalah sehr bekannt, der Verfasser dieses Buches kennt sie entschieden nicht. Die Worte זכר ונקבה, wie oft sie in unserem Buche vorkommen, fehlen in der einen oder anderen Recension, und schon dies beweist, dass sie erst später eingeschoben wurden.

42. Der Dual von בין heisst in der Bibel בֵּינַיִם, jedoch braucht בינתים nicht aus dem syrischen ܒܝܢܬ entstanden zu sein, da der Stat. const. בֵּינוֹת schon in der Bibel vorkommt.

43. Dieser § findet sich nur in C und D und ist zweifellos unächt; auch stimmt er inhaltlich mit der sonstigen Annahme des Verfassers nicht überein.

44. Das Wort רויה bedeutet eigentlich *Sättigung, Tränkung,* aus der Wurzel רוה *sättigen, tränken, bewässern,* hier aber hat es die Bedeutung *Mässiges,* Mitteltemperatur zwischen Kälte und Wärme. Vermutlich wird רויה die Benennung der Jahreszeit (Frühling oder Herbst) sein, da dann die Erde gesättigt ist; es wird vom Verfasser als Medialbenennung zwischen Kälte und Wärme gebraucht. Manche (vgl. Rosenthal, Kneseth Jisrael II Abt. II pag. 29) lesen hier רְוָיָה (Ps. 66,12. 23,5), die Erklärung dieses Wortes ist aber sehr zweifelhaft.

45. In den spätern hebräischen Schriften bedeutet נפש ausschliesslich *Seele,* in den biblischen Schriften hat es aber die Bedeutung *Körper* solange er noch lebendig ist (vgl. Franck, la Cabbale pag. 80). In unserem Buche hat es nur die Bedeutung *Körper,* was ein Beleg für das hohe Alter des Buches ist, denn schon in der Mišnah werden für Körper (auch lebendige) die Worte גוף, גויה gebraucht, welche in der Bibel tote Körper bezeichnen.

46. Der Sinn dieser §§ ist dunkel auch im Talmud (Menaḥoth fol. 29b.) wird von Gott erzählt, dass er den Buchstaben Kronen umbindet (vgl. Einleitung pag. 10), was dort die eckigen Spitzen und Haken der Buchstaben (תגין, קוצים) bezeichnet.

47. Meyer erklärt, dass sich das Verbum וצרפן auf אמש, d. h. auf die Urprincipien Feuer, Wasser und Luft, beziehe, „da die drei Urstoffe sich nirgends vereinzelt finden, aber einer oder der andere vorherrschend.“ Dass diese Erklärung ganz falsch ist geht aus den folgenden Abschnitten hervor, da dies auch von den sieben Doppelten und den zwölf Einfachen, die mit den Urprincipien nichts gemein haben, gesagt wird. Uebrigens ist seine Erklärung auch in diesem

Abschnitte unzulässig, und beruht nur auf Unverständnis des Textes, da von den drei Buchstaben oder Principien in je einem besondern § gesprochen wird.

48. RMB hat hier וצר בו רוח מרוח וצר בהן etc., diese Glosse ist hier aber ganz unpassend.

49. Eine ganz verderbte Lesart, חיה בנשמה statt רויה בשנה, haben hier Rittangel und Meyer; sie übersetzen *das Leben im Odem*, was gar keinen Sinn giebt. Es gehört eine grosse Unwissenheit dazu diese Corruption nicht herstellen zu können (auch wenn nur eine einzige Handschrift existirt hätte), da im Buche wiederholt von שנה und רויה nicht aber von נשמה und גויה gesprochen wird. Uebrigens ist auch die Uebersetzung des Wortes חיה mit *Leben* ganz falsch.

50. Dieser wie auch der folgende § sind aus einem Commentar in den Text eingeschoben; statt לבו ist גויתו zu lesen.

51. In diesen sieben Buchstaben sind die ihnen bei Seite gestellten sieben Zustände nicht irgendwie angedeutet, wie es bei den drei Buchstaben אמש der Fall ist, sie sind rein willkürlich.

52. Grätz (Gnost. u. Jud. pag. 116) behauptet, dass der Verfasser hier an das griechische ρ gedacht haben muss, da das ר im Hebräischen nicht aspirirt ist; man vergleiche aber das Citat aus Sa'adjah in der Einleitung, woraus die Grundlosigkeit dieser Behauptung zu ersehen ist.

53. Eigentlich: *sie werden geführt von zwei Zungen*, dies ist aber unverständlich; die Uebersetzung Meyers *gewöhnt aus zwei Zungen* ist weder verständlich noch worttreu.

54. Unter weich und hart versteht der Verfasser daggeschirte und undaggeschirte Buchstaben, ebenso unter stark und schwach; nach REBS weist die Bezeichnung stark und schwach auf Dageš forte und Dageš lene hin.

55. Beachtenswerth für die Ethik ist es, dass der Verfasser שלום und רע als zwei Gegensätze darstellt; zwar hat eine Recension מלחמה statt רע, aber dies ist zweifellos eine spätere Aenderung, denn erstens befindet sich diese Variante nur in einer einzigen Recension, zweitens ist es eher anzunehmen, dass ein Abschreiber רע zu מלחמה emendirt habe, als מלחמה zu רע.

56. Das Verbum בער (syr. ܒܥܪ) bedeutet *hässlich sein, schmutzig, verachtet*; dieses Wort kommt nach einigen in derselben Bedeutung auch in der Bibel vor (Am. 8,8), auf jeden Fall kann es nicht als jüngerer Hebraismus behauptet werden.

57. Was dem Verfasser nicht in den Sinn gekommen ist wollen ihm die späteren Commentatoren beilegen; so findet auch Meyer hier eine Andeutung

auf die zehn Sephiroth. Er selbst gesteht, dass „unser Buch zwar I,4 חכמה und בינה nennt, aber nicht als Sephiroth, auch von den übrigen Sephirennamen nichts weiss," doch behauptet er, dass im Buche Jeṣirah die drei Mütter (אמש) Repräsentanten der obern, die sieben Doppelten der untern Sephiren sind. Die Namen der Zehn Sephiroth sind hier nicht im geringsten angedeutet, nur fand Meyer, dass 3 + 7 zusammen zehn sind (entsprechend der zehn Sephiroth) er vergass aber, dass im nächsten Abschnitt auch die übrigen zwölf Buchstaben folgen. Die Zusammensetzung der sieben Doppelbuchstaben geben nach Meyer zwei Wörter בֶּגֶד כַּפֹּרֶת, was nicht abzustreiten ist, doch glaube ich nicht, dass sie *Decke des Gnadenstuhls* übersetzt werden können; diese Buchstaben haben hier nur eine grammatische, nicht aber eine mystische Bedeutung, auch ihre Ordnung ist rein alphabetisch.

58. R. Haj Gaon versteht unter היכל הקודש die Erde, welche ein Mittelpunkt der sechs Himmelsgegenden, Ost, West, Süd, Nord, Oben und Unten (des Raumes) ist, sie wird deshalb Heiligtum genannt, da die Majestät Gottes sie füllt.

59. D. h. der Hekhal ist ein Mittelpunkt von dem die unendlichen Dimensionen, wie die Linien aus einem Punkte, ausgehen. Die Wurzel כון bedeutet in der biblischen Sprache *sein, aufrecht stehen*, dieselbe Bedeutung hat sie in unserem Buche; im Talmud hat sie auch (in Pi'el) die Bedeutung *zielen, streben, die Gedanken richten* angenommen.

60. Unter כוכבים sind die sieben Planeten zu verstehen, den Terminus כוכבי לכת kennt der Verfasser noch nicht.

61. Unter שערים versteht der Verfasser höchstwahrscheinlich die Sinnesorgane, עינים für Gesicht, אזנים für Gehör, נקבי האף für Geruch und פה für Geschmack (eigentl. חך); die Hände für das Tastgefühl werden hier nicht gezählt, da der Verfasser erstens, die Siebenzahl hervorheben will, und zweitens, sie weiter zu den מנהיגים zählt.

62. RMB hat die שבעה שערים בעולם, davon wird aber in der jüdischen Litteratur nirgends gesprochen.

63. Die sieben Himmel sind in der jüdischen Litteratur bekannt, deren Namen werden weiter unten aufgezählt.

64. RMB versteht unter שבע אדמות die sieben Climate, andere wieder die sieben Namen der Erde (ארץ, אדמה, ארקא, גיא, ציה, נשיה, תבל). Manche von den Rabbinren stellen sich sieben verschiedene Erden vor, jedoch ist diese Vorstellung nicht so allgemein, wie die Vorstellung von den sieben Himmeln.

65. So weit uns in der jüdischen Litteratur eine Zählung von sieben Wochen bekannt ist, können hier nur die sieben Wochen zwischen Ostern und Pfingsten gemeint sein.

66. Steine und Häuser, d. h. Buchstaben und Worte; zwei Buchstaben geben zwei Combinationen, z. B. אַב, בָּא aus א und ב; drei Buchstaben geben sechs Combinationen, z. B. צַחַר, חָצֵר, רָחַץ, רָצַח, חָרַץ, צָרַח aus ח, צ und ר: vier Buchstaben geben vierundzwanzig Combinationen, z. B. חֲמוּת, תּוּמַה, תּוּחַם, תָּמוּחַ, תִּמְחוּ, תְּחוּם, חוֹמַת, חוֹתָם, חָתוּם, חִתְּמוּ, חֲמָתוֹ, תְּחַמּוֹ, וְחָתַם, וְחֵמַת, וּמָחַת, וּמָתַח, וַתְּחַם, וְתִמַּח, מוּחַת, מְחוּת, מָחָתוּ, מִתְּחוּ, מָתוּחַ, מוֹתֵחַ, aus ו, ח, מ und ת, u. s. f. Man braucht nur das Product der vorhergehenden Zahl mit der Zahl der Buchstaben zu multipliciren, so findet man die Anzahl der Combinationen; der Verfasser zählt bis sieben, da er in diesem Abschnitt von dieser Zahl spricht.

67. Warum der Verfasser für Essen das Wort לעיטה (was eigentlich *stopfen, fressen, gierig essen* bedeutet) und nicht das schon in der Bibel vorkommende Wort אכילה gebraucht, ist unklar, vielleicht haben die hier aufgezählten Thätigkeiten in ihren Buchstaben eine mystische Bedeutung. Diese Nominalbildungen sind schon in der Bibel bekannt und können keineswegs, wie manche behaupten (Zunz a. a. O.), als specifisch talmudische Bildungen bezeichnet werden.

68. Ob die Aufzählung dieser zwölf Thätigkeiten eine willkürliche ist, oder sie einen besonderen mystischen Gedanken hinter sich haben ist dunkel; die Qabbalisten finden hier zwar manche Geheimnisse und geben auch die Verwandtschaft zwischen ihnen und den Buchstaben (פשוטות) an, doch sind es nur scholastische Speculationen.

69. Der Gräcismus אלכסון hat im Talmud die Bedeutung *schräg, schief,* auch *Durchmesser,* hier aber muss darunter *Winkel* verstanden werden. Dieses ist das einzige Fremdwort in diesem Buche, für die Abfassungszeit ist es jedoch ohne Bedeutung.

70. D. h. die Erde ist der Mittelpunkt des Universums (nach der Auffassung des Verfassers), von dem die aufgezählten zwölf Winkel ins Unendliche, wie Arme, ausgehen.

71. Das Verbum צרף hat in der Bibel die Bedeutung *schmelzen, läutern,* im Talmund *vereinigen, verbinden,* alle diese Uebersetzungen sind hier passend.

72. Die ursprüngliche Bedeutung des Wortes מַזָּל ist *Absteigeort, Herberge, Einkehr,* (aus dem im Hebräischen verdrängten, im Arabischen aber erhaltenen Verbum נזל *einkehren, absteigen*), doch wird es schon in der Bibel für *Sternbilder* gebraucht. Da die Sternbilder bei den alten Völkern auf das Schicksal des

Menschen einen grossen Einfluss hatten, so bekam das Wort מזל später die Bedeutung *Glück, Schicksal, Geschick*, in dieser Bedeutung wird es auch im Talmud gebraucht.

73 קֶשֶׁת heisst eigentlich nicht *Schütze* sondern *Bogen*; man kann aber auch קַשָּׁת *Bogenschütze* (Gen. 21,20) lesen.

74. Eigentlich *Eimer*; ob der Verfasser das Wort דלי für *Wassermann* gebraucht, oder er das Sternbild Eimer nennt, ist unklar; דלי hat sonst niemals eine weitere Bedeutung als Eimer.

75. Die zwölf jüdischen Monatsnamen sind, wie schon im Talmud erwähnt wird, aus dem Assyrischen entlehnt (vgl. Einleitung pag. 18); der Monat מרחשון wird auch abgekürzt חשון genannt, und trägt auf den assyrischen Inschriften einen ganz anderen Namen; vgl. hierüber A. Epstein, Beiträge zur jüdischen Altertumskunde pag. 23 ff.

76. Die Aufzählung dieser drei Namen, welche fast eine und dieselbe Bedeutung haben, ist unklar. קיבה bedeutet *Magen* (des Menschen) קרקבן *Magen der Vögel, Kropf*, aber auch *Darm*, המסס (ob הַמָּסָס oder הֶמְסֵס zu lesen ist, ist nicht zu entscheiden) *Darm besonders des Rindes*. Einige Texte haben דקין statt המסס was genau dieselbe Bedeutung hat, auf jeden Fall können sie nicht als drei Organe aufgezählt werden. RMB erwähnt einer „verderbten" Handschrift, die vierzehn מנהיגים aufzählt (דקין und המסס als zwei von einander verschiedene Organe und לב). Reggio (Ozar nehmad III pag. 26) normirt die Weglassung des Herzens und bezeichnet dies als Unwissenheit des Verfassers (vgl. Einleitung pag. 13), da das Herz das Höchste aller menschlichen Organe ist; dies beweist aber, dass Reggio das ganze Buch Jeṣirah nicht gelesen hat, denn der Verfasser hebt weiter (VI, 5) das Herz wirklich über alle Organe hervor und bezeichnet es als Centrum und Beherrscher aller übrigen.

77. Die Organe werden nach ihren Funktionen eingetheilt; zwei murrende oder beschimpfende: die Leber und die Galle; zwei lachende oder sich freuende: der Magen und die Milz; zwei ratgebende: die Nieren; zwei ratempfangende: der Darm und der Mastdarm; zwei raubende: die Hände; zwei Jäger: die Füsse. Ausführlich in RMB.

78. Die Lesart מדינה ist, wie aus dem Nachfolgenden hervorgeht, falsch. Die Glieder und Organe des Menschen sind in der Art eines Kampfplatzes geordnet, d. h. das eine gegenüber dem zweiten.

79. Das Wort סימן *Zeichen, Merkmal* oft auch *Beweis* braucht nicht aus dem Arabischen (سيما) entlehnt zu sein (wie Levy NHWB); das Verbum סמן

kommt schon in der Bibel in der Bedeutung *zeichnen* vor (Jes. 28, 25). Grätz, der eine besondere Vorliebe hat Alles zu gräcisiren (wahrscheinlich eine Folge seines Namens), behauptet (Gnost. u. Jud. 116), dass dieses Wort ein Gräcismus sei; doch ist diese Behauptung ganz grundlos.

80. Meyer hat hier die falsche Lesart כובשין und übersetzt *Zwinger*; er schreibt hierüber viel Unsinn zusammen, indem er dieses Wort aus einer gar nicht existirenden, angeblich aramäischen Wurzel קבש ableiten will. Diese Corruption lässt sich auch aus dem Zusammenhang sehr leicht herstellen; Pistor übersetzt *Himmel* (*et septem coelos*), dies ist aber eine willkürliche Aenderung, da kein Text hier רקיע oder שמים hat.

81. Ueber die Bedeutung des Wortes תלי wird in den Jeṣirah-Commentaren viel gesprochen; Donnolo bemerkt Folgendes: „als Gott den Himmel über uns geschaffen hat, schuf er auch den תלי aus Wasser und Feuer in der Gestalt einer grossen Schlange mit Kopf und Schwanz, und setzte ihn in den vierten Himmel. An ihm sind die Sterne und die Sternbilder befestigt, er ist Herrscher über sie alle und verdunkelt (מכהה) das Licht der beiden Lichter (Sonne und Mond) und der fünf Planeten". Jehudah ha-Levi (Kuzari IV, 15) meint: „תלי sei der Name des Drachen, der in der Astronomie unter dem Namen جوزهر bekannt ist. Barceloni erklärt: „תלי sei das Himmelwesen und Planetenkreis; der תלי und der Kreis sind aber keine Wesen, die wir aufassen oder mit dem Auge sehen können"; Aehnliches auch in den übrigen Commentaren. Auch viele andere jüdische Schriften des Mittelalters sprechen über den תלי, und aus allen geht hervor, dass es mit *Drache* oder *Schlange* zu übersetzen, und das wichtigste Sternbild ist. Auch Bar-Hebraeus erwähnt den תלי in derselben Bedeutung, „die beiden Pole, die Milchstrasse und der Sohn des Tali". ([?] ܐܝܠܝܢ ܕܐܡܪܝܢ ܩܘܛܒܐ ܬܪ̈ܝܢ ... ܒܪ ܐܛܠܝܐ) Der תלי wird auch in einer syrisch-nestorianischen Grabschrift (herausgegeben von D. Chwolson, Mémoires de l'academie Imp. d. sc. VII. Serie Tome XXXIV No. 4, St. Petersburg 1886 und Tome XXXVII No. 8, St. Petersburg 1890) erwähnt, in welcher dazu bemerkt wird, dass er türkisch ܠܘܒ (لوى oder لو = Drache) heisst. Was die Etymologie dieses Namens betrifft, so wird es nicht, wie Steinschneider behauptet, aus dem Arabischen (تال *Trabant*) entlehnt sein, denn der תלי heisst bei den Arabern جوزهر; vielmehr ist mit Harkavi anzunehmen, dass dieser Name aus dem hebräischen Verbum תלה *hängen* abgeleitet ist (wie דלי aus דלה). Ueber diese Ansicht bemerkt Chwolson (Mémoires VII. S. T. XXXVII pag. 122 ff.) „Ich glaube noch jetzt, dass die

Erklärung des berühmten jüdischen Exegeten, Philosophen und Astronomen des XIV. Jahrhunderts, R. Levi ben Gerson, auch Leon de Bagnoles genannt zu Hiob 26, 13 die einzig richtige sei, nämlich dass man darunter die Milchstrasse verstanden, die man sich als einen grossen Drachen dargestellt hat, der das ganze Himmelsgewölbe von einem bis zum andern durchgeht“. Dies ist aber, wie ich glaube, unwahrscheinlich, da Bar-Hebraeus zwischen Tali (ܨܘܪ ܛܠܝܐ) und Milchstrasse (ܫܒܝܠ ܬܒܢܐ) deutlich unterscheidet. Ausführlicher vgl. Harkavi, Ben-ʿAmi 1887 Januarheft pag. 27 ff.

82. Grätz (Gnost. u. Jud. 117) beweist aus der nur in einer Recension vorhandenen Glosse א. אויר רוח מבריע, dass der Verfasser den griechischen Spiritus lenis, den Anhauch ohne welchen kein griechischer Vocal ausgesprochen wurde, kennt, da er das א als אויר *Luft* bezeichnet. Diese Behauptung, wie seine übrigen bezüglich dieses Buches ist ganz grundlos; dies braucht kaum erwähnt zu werden, da es schon aus den Analogien hervorgeht; übrigens fehlt dieser ganze § in einigen Recensionen.

83. Das Herz ist die Quelle aller Gefühle und Leidenschaften, welche oft sich gegenseitig bekämpfen.

84. Meyer übersetzt: *prüft*, er weiss nicht, dass das Verbum בָּחַן im Hifʿil die Bedeutung *unterscheiden* hat; auch giebt seine Uebersetzung gar keinen Sinn; der Verfasser bemerkt hier, dass man das Böse durch das Gute und das Gute durch das Böse erkennen kann.

85. Die Uebersetzung und Erklärung dieses Satzes, selbst in C und D, in denen das Wort כל fehlt, ist leicht aus dem Folgenden zu ersehen; auch dieser Satz an und für sich bietet keine Schwierigkeiten, die worttreue und hier passende Uebersetzung ist: *drei, ein jeder steht für sich*, doch geben Rittangel und Meyer die der Grammatik und dem Geiste des Buches widersprechende Uebersetzung *drei sind eins, es steht allein*; ob ihnen Unverständnis des Textes zu dieser Uebersetzung Veranlassung gab, oder sie absichtlich falsch übersetzt haben, um hier die christliche Lehre von der Trinität angedeutet zu finden, mag dahingestellt bleiben.

86. Vgl. Buch der Jubiläen Kap. 12.

Einer der Quelltexte der Kabbala. Das Buch Bahir enthält ehemals geheime Handschriften zum Kabbalastudium. Widersprüchlichen Quellen zufolge tauchte der Urtext des Sefer ha-Bahir 1174 in einer Kabbalistenschule in der Provence als Handschrift auf. Einige Kabbalisten glauben, dass die mündliche Überlieferung dieses Textes bis auf das 1. Jahrhundert zurückgeht.

Der Inhalt besteht aus mehreren Teilen, die die Form eines exegetischen Midrasch im typischen Frage-Antwort-Stil als Dialog zwischen Schülern und Meister besitzen. Das Buch Bahir beinhaltet Kommentare, die die mystische Bedeutung mehrerer biblischer Verse erklären. Dabei geht es vor allem um die ersten Kapitel des Buches Bereschith (Genesis), also um das Grundverhältnis zwischen Gott und Welt. Dieses wird auch durch viele weitere Zitate aus der Tora und deren Auslegung beleuchtet. Daneben wird die Form der hebräischen Buchstaben und ihre Vokalisierung erläutert. Auch Aussagen des Sefer Jesirah (Das Buch der Schöpfung) werden aufgenommen und interpretiert.

Das Sefer Bahir ist voller Gleichnisse, in denen vor allem die Figur eines Königs im Mittelpunkt steht, mit dessen Hilfe das Wesen und das Handeln Gottes illustriert wird.

180 Seiten, Paperback, ISBN 978-3-937392-15-8

KYBALION EDITION

VON DEM EINGEWEIHTEN

WILLIAM WALKER ATKINSON

★ ★ ★

KYBALION – DIE 7 HERMETISCHEN GESETZE

144 Seiten, ISBN 978-3-937392-17-2

Kybalion – Hörbuch auf 4 CDs

300 Min., ISBN 978-3-95659-010-8 und als Download auf **www.aurinia.de**

KYBALION 2

Die geheimen Kammern des Wissens

160 Seiten, ISBN 978-3-943012-70-5

KYBALION 3

Die geheimen Lehren der Rosenkreuzer

272 Seiten, ISBN 978-3-943012-98-9

KYBALION 4

Die 7 kosmischen Gesetze – Das Vermächtnis des Meisters

128 Seiten, ISBN 978-3-943012-73-6

KYBALION 5

Schätze des Neuen Denkens

196 Seiten, ISBN 978-3-95659-024-5

KYBALION 6

Mystisches Christentum – Die inneren Lehren des Meister Jesu

272 Seiten, ISBN 978-3-95659-038-2

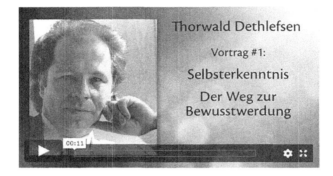